마흔살 경제학

마흔살 경제학(베이붐 랠리 개정판)

초판 2쇄 발행 2006년 6월 15일
개정 1쇄 발행 2006년 10월 25일

지은이   김영호
펴낸이   이형도
펴낸곳   이레미디어
디자인   정유정
전화   031-908-8516
팩스   031-907-8515
주소   경기도 고양시 일산동구 장항동 752-1 호수그린오피스텔 703호
홈페이지   www.iremedia.co.kr
이메일   ireme@iremedia.co.kr
등록   제2004-35호 2004년 4월 22일

ISBN 89-91998-04-6 03320

가격 11,900원

이레미디어에서는 참신한 원고를 모집합니다.
어떤 분야의 내용이든 보내주시면 정성껏 검토 후 선정된 원고에 대해서는 계약하겠습니다.

마흔살

Baby Boomer's Economics

경제학

●이레미디어

1990년대 후반 '아시아의 위기'를 구해낸 미국경제는 아시아를 구출하는 과정에서 쌍둥이 적자와 저축률 하락 등 불균형 상태에 빠졌으나, 향후 수년간은 이들 문제가 심화되는 가운데서도 높은 성장세를 계속할 것이다. 일본 경제가 장기불황에서 벗어나고 있고 중국경제도 고성장을 지속 중이며 유럽경제도 회복세에 접어 들었다.

국내경제는 1997년 말 외환위기 이후 금융부문이 실물부문보다 훨씬 빠르게 발전하고 있고 재무구조가 개선된 기업이 높은 이익을 내고 있으며 가계도 부실에서 벗어나면서 소비도 증가세로 돌아섰다.

이 같은 상황에서 2005년은 우리 한국증시가 박스권을 벗어나 새로운 패러다임을 보인 해였다. 앞으로 중간 중간 굴곡은 있겠지만 4년 정도는 주가 상승세가 이어질 것이다. 40대 인구 비중이 늘어나 소비와 함께 금융자산 수요도 늘어날 것이며 연기금 등 기관도 주식투자 비중을 높일 것이다.

일본의 사례에서처럼 주식, 부동산 등 자산의 가격은 생산과 소비의 주축인 40대 인구의 변화와 밀접한 관계가 있다. 우리나라도 40대 인구의 변화에 따라 경제에 적잖은 변화를 겪게 될 전망이다. 이런 흐름을 정확히 파악하여 효과적인 자산운용을 한다는 것은 어렵긴 하지만 성공투자를 위해선 반드시 필요한 작업이다.

그런데 이번에 김영호 원장이 투자자들을 위해 인구구조를 토대로 한 투자전략 서적을 출간한다는 소식을 듣고 매우 기뻤다. 무엇보다 충실한 통계자료를 바탕으로 한 빈틈 없는 논리 전개가 돋보인다. 그리고 구체적인 금융상품 선택 대안까지 제시하고 있어 투자자들에게는 매우 유용한 책이 될 것 같다.

우리 한국인은 전체 자산 중 부동산 비중이 지나치게 높은 것이 문제이다. 앞으로 인구구조의 변화에 따라 부동산 가격이 하락하게 되면 경제적으로 큰 타격을 입게 될 것인데 이 책은 부동산 문제도 정곡을 찌르면서 대안을 제시하고 있어 과도한 부동산 투자를 예방하여 건전한 가계자산 구조조정의 지침서가 될 것으로 믿는다.

2006. 4월
대신증권 리서치센터장
상무 김영익

목하 지구촌과 한국에 고령화 폭풍이 접근하고 있다. 1990년 대 일본에서 주가와 부동산 가격을 폭락시키며 위력을 떨쳤던 고령화 폭풍은 2010년을 전후해 우리 한국과 세계 선진 경제권을 강타할 예정이다. 조지 소로스도 앞으로 3년을 전후해 미국 베이비 붐 세대의 은퇴가 초래할 소비거품의 붕괴와 세계경제의 위축을 경고한 바 있다.

이러한 인구구조의 변화에 따라 한국 주가는 10년 이상 장기 상승이 어려울 전망이다. 지금 우리 한국경제 구조는 미국과 달리 무역의존도가 높기 때문에 미국 베이비 붐 세대의 은퇴로 인한 미국경제 침체의 영향을 피할 수 없다. 그리고 중국경제의 전망도 매우 중요하다.

앞으로 3~4년의 기간은 현재 40대 중심의 베이비 붐 세대에게는 은퇴 후 삶을 결정 짓는 중대 시기가 될 것이다. 이 시기는 현재 은퇴를 목전에 두고 있는 40대에게는 마지막이자 천재일우의 기회이며 역시 30대에게도 이 기간은 머지 않은 은퇴를 대비할 절호의 시기이다.

필자의 동년배인 30대와 40대는 지금 진지하게 자신의 삶에 대해 고민해 봐야 한다. 앞으로 긴 노후생활의 재정 기틀을 부동산으로 정할 것인지 아니면 주식과 채권으로 선택할 것인지 철저한 분석과 검토를 통한 전략을 세워야 한다. 은퇴 후 자유를 꿈꾼다면 선택은 주식과 채권이 되어야 할 것이다.

그동안 4년 넘게 귀중한 경제분석 자료와 정보를 제공해 주신 대신증권 리서치 센터장 김영익 상무님에게 가장 먼저 감사의 말씀을 드린다. 사실 이 책을 쓸 수 있게 된 것은 거의 전적으로 김영익 상무님 덕이다.

아울러 이 책이 세상의 빛을 볼 수 있도록 계기를 제공해 주신 이레미디어의 이형도 사장님과 조언을 아끼지 않으신 머니투데이 김재영 차장님께도 감사를 드리며 사랑하는 가족에게 이 책을 바친다.

앞으로 2010년까지의 기간은 우리 한국의 명운을 가를 중대한 시기인 바, 이 기간 동안 올바른 시장경제의 체제를 굳혀서 기업의 활발한 세계진출로 부강한 나라가 되길 기원하고 특히 40대가 체념에서 벗어나 행복한 노후를 준비하길 기대한다.

2006년 4월
북악산 기슭 자택에서
김영호

contents

추천사 • **04**

은퇴 후 자유를 꿈꾸는 베이비부머에게 • **06**

1장 베이비부머는 향후 3-4년이 마지막 기회

1. 베이비부머, 지금 망설일 틈이 없다 • **16**
2. 주가상승, 왜 10년이 아니고 3~4년뿐인가? • **20**
3. 주식시장에 몰아칠 고령화 폭풍 • **23**

2장 장기투자도 단기매매 만큼 위험하다

1. 묻지마 장기투자는 위험하다 • **30**
2. 장기주식투자의 수익성과 • **32**
3. 한국주가와 80년대 미 다우지수 • **36**
4. 펀더멘털에 기초한 장기투자를 하라 • **39**

3장 수업료가 적게 드는 투자법

1. 주가를 사지 말고 경제를 사라 • **46**

2. 경제성장률과 주가 • **52**

3. 기대심리 지표를 이해하라 • **56**

4. 소비심리도 주가에 한몫한다 • **59**

4장 한국주가와 미국주가 왜 다른가?

1. 한국주가가 홀로 설 수 없는 이유 • **64**

2. 미국과 중국을 눈 여겨 보라 • **69**

contents

5장 인구구조가 금맥이다

1. 인구 규모가 주가를 좌우한다 • 74

2. 일본의 베이비부머와 주가 상승 • 78

3. 왜 40대 인구가 중요한가? • 82

6장 전무후무한 베이비 붐 랠리

1. 주가, 2009년까지 상승가능 • 92

2. 내수와 수출의 대합창 • 96

3. 저성장 추세와 주가 상승 • 110

4. 외환위기 이후 더 강해진 기업체질 • 114

5. 인구구조로 보는 한국 주가 예측 • 118

 **7장**

외국 인구구조도 주가상승 요인

1. 미국증시 주연은 베이비부머 • **124**

2. 중국의 인구구조와 경제성장 • **136**

3. 인도 인구구조와 경제 전망 • **144**

4. 미국 발 주가폭락은 언제쯤일까 • **149**

5. 미 주가폭락 충격을 완충시키려면 • **157**

6. 2010년 이후엔 희망이 없는가? • **161**

7. 앞으로 한국 주가의 상승 속도는? • **168**

 **8장**

차기 대권주자 채권

1. 2009년까지 채권투자는 조심하라 • **172**

2. 2010년 이후는 채권시대 • **177**

contents

 **9장** 한국 부동산, 불패신화 막 내린다

1. 부동산이 주식보다 위험하다 • **188**
2. 1990년대 일본 부동산 폭락의 교훈 • **190**
3. 미국 부동산도 베이비부머의 영향권 • **194**
4. 한국 부동산 앞으로는 '필패'인 이유 • **200**

 **10장** 자산운용 Action Plan

1. 2010년이 운용 전략의 분기점이다 • **210**
2. 펀드투자 성공 7단계 • **212**
3. 안전자산과 채권투자 전략 • **235**

11장 적립식 펀드 투자 전략

1. 적립식 펀드, 2007년 상반기까지 들어라 • **244**
2. 적립식 펀드와 변액보험 투자지침 • **256**

12장 노후대비 Check Point

1. 베이비 붐 세대의 체크 포인트 • **266**
2. 2030세대의 체크 포인트 • **271**
3. 고소득자 및 자산가의 체크 포인트 • **275**
4. 부동산을 버리고 주식을 사라 • **279**

부록 • **283**

1. 금융상품 선택 표
2. 경제통계 발표기관
3. 자산운용협회 운용사회원

베이비부머는
향후 3-4년이 마지막 기회

Baby Boome

1. 베이비부머, 지금 망설일 틈이 없다
2. 왜 10년이 아니고 3~4년뿐인가?
3. 주식시장에 몰아칠 고령화 폭풍

s Economics

01 베이비부머, 지금 망설일 틈이 없다

지금 결단하라.

2005년은 우리나라 주식시장에서 신기록을 많이 세운 해다. 주가의 사상 최고치를 벌써 몇 번 갈아 치웠는지 세어 봐야 할 정도가 되었다. 그 중에서도 가장 중요한 사실은 한국 주가가 명실공히 박스권 장세를 탈피했다는 사실이다. 그리고 탈피한 것뿐만 아니라 2006년 초 현재 1,300 대에서 더 높은 지수로 상승하기 위한 에너지를 축적하고 있는 중이다.

2006년 들어 1월 17일 주식매매차익 과세 소문으로 폭락이 있은 후 급등과 급락이 반복되며 1,300 선도 위협 받으면서 주가가 혼미를 거듭하고 있지만 이는 추가 상승을 위한 에너지를 축적하는 진통일 뿐이다. 과거 어떤 강세장도 중간 중간 2~3개월 정도의 폭락을 동반한 조정이 있었다. 이 같은 조정은 투자자들이 경기의 회복을 확신할 때까지 있기 마련이다.

2005년엔 주가 상승과 더불어 주식시장에 자금이 몰려들었지만 2006년 들어서는 주가가 크게 출렁거리며 많은 사람들이 갈피를 잡지 못하고 있는 중이다. 그리고 아직도 많은 사람들은 과연 주가가 얼마나 올라갈지 그리고 또 언제까지 올라갈지 몰라 강 건너 불구경 하듯 바라만 보는 사람도 적지 않다. 지금 들어가면 너무 늦어버린 것이 아닐까? 괜히 들어 갔다가 상투만 잡는 것이 아닐까? 이렇게 망설이는 분들은 더 이상 주저하지 말길 바란다.

이런 분들에게 필자는 지금 주식에 투자해야 한다는 것을 역설하기 위해 이 책을 집필했다. 2005년에 주가가 많이 올랐지만 이것은 준비운동에 불과할 뿐이다. "주가가 그렇게 많이 올랐는데 그리고 지금까지 1,000포인트를 조금 넘겼다가 떨어져 버리곤 했는데…."하며 주저하는 분들에게 지금의 주식시장은 과거와 크게 다르다는 것과 그리고 고점까지 아직 시간이 많이 남아 있다는 점을 간곡히 당부한다. 아직 주가는 갈 길이 많이 남아 있다. 돌발 사태만 없다면 일부에서 주장하는 것처럼 10년 이상의 장기 상승은 아니라도 적어도 3년에서 4년은 주가가 큰 폭으로 상승할 것이다.

2005년은 앞으로 벌어질 주식 강세장에서 그야말로 준비운동에 지나지 않았고 2006년은 출발선에서 막 스타트하는 해가 될 것이며 2007년이 가속도가 붙어 달리는 해가 될 것이다. 그리고 이 2007년과 2008년 두 해 동안 주가는 2005년의 기록과는 다른 새로운 신기록을 많이 작성하면서 가파르게 상승하는 모습을 보여주게 될 것이다. 주가가 이런 양상을 보일 확률이 2008년까지는 상당히 크고 2009년에도 주가가 오를 확률이 어느 정도 있다. 그리고 2010년은 매우 위험한 해가 될 것이다.

본 서에서 주가의 고점 시기는 확률적으로 2009년을 주로 설정하고 있으며 중심은 2009년으로 보지만 2010년까지 상승할 가능성이 있기 때문에 '3~4년' 및 2009~2010년으로 잡는다.

베이비부머는 향후 3~4년이 마지막 기회

특히 은퇴를 얼마 남겨 놓고 있지 않은 베이비 붐 세대들은 이번 주가 상승기를 놓치지 않기를 바란다. 이번 주가 상승기를 놓치게 되면 노후자금 마련에 엄청난 차질을 빚게 될 것이다. 일생일대의 실수가 될 것이고 어쩌면 노후가 불우해질지도 모르기 때문에 망설이지 말고 지금 결단해야 한다.

위험하기 때문에 주식투자를 않는 것이 오히려 노후를 위해 안전할 수 있다고 얘기할 수도 있다. 그러나 그렇지 않다. 주식도 긴 안목으로 보면 움직이는 법칙이 있고 그 법칙을 따르면 꼭 위험한 것만은 아니다. 30대 중반 이상의 베이비 붐 세대에게는 이번 주식 강세장은 은퇴 전에 마지막 기회가 될 것이고 이 기회를 잡는 사람만이 웃으면서 은퇴를 하여 노후를 여유 있게 보낼 수 있을 것이다. 품위 있는 노후를 꿈꾸는 베이비부머(Baby Boomer)라면 이 책을 꼼꼼히 읽고 노후를 위한 자산운용에 보다 진지한 자세를 갖길 바란다.

앞으로 남은 3~4년의 기간이 당신의 은퇴 후 여생을 좌우할 수도 있다. 이번 주식 강세장을 잘 활용하는 사람만이 은퇴 후 삶을 멋있게 살 수 있을 것이다. 향후 3~4년 동안 주식에 투자하라. 직접투자도 괜찮지만 그보다는 펀드에 투자하라. 펀드는 바다 위의 어선처럼 당신을 위험으로부터 보호해 주면서 만족스러운 수익을 안겨 줄 것이다.

그리고 베이비 붐 세대가 아니라도 상관이 없다. 이미 은퇴하신 선배님들도, 아직 사회생활을 그리 오래 하지 않은 후배 분들도 이번 기회를 놓치지 않기를 바란다. 그리고 놓치지 않아야 한다. 필자가 이번 기회를 놓치지 않아야 한다고 강조하는 데는 특별한 이유가 있다.

즉 이번 기회를 놓치더라도 이번 못지않은 강세장이 또 찾아온다면 시간상의 손해는 있을지라도 그때 주식에 투자하면 된다. 그런데 이번 기회를 놓치면 다시는 이번과 같은 강력한 주식 강세장을 만나기 어려울 것 같기 때문이다.

02 주가상승, 왜 10년이 아니고 3~4년뿐인가?

한국 주가 2010년을 넘기지 못할 것이다.

　그렇다면 왜 3~4년뿐인가? 왜 5~10년 또는 그 이상이 아니고 하필 3~4년뿐인가? 이 책은 그 이유를 밝히는 데 많은 지면을 할애하고 있다.

　우리 한국의 주가가 적어도 5년 이상 10년간의 장기 상승 랠리를 보이게 될 것이라며 장기투자를 주장하는 사람들은, 그 근거로 1980년대에 미 다우지수가 박스권을 탈피해서 10년이 넘는 장기 상승 랠리에 들어갔는데 지금 우리의 주가가 이와 같은 모습을 보이고 있음을 들고 있다.

　그러나 필자는, 이와 같은 주장이 본질을 간과한 것으로 마치 환자의 겉으로 보이는 증상만 보고 처방전을 만드는 의사와 다를 바 없다고 본다. 피상적인 분석에 불과한 것이다. 1980~2000년의 미국경제는 지금 우리 한국경제와 구조 및 환경이 판이하게 다르다. 만일 지금 한국경제 구조가 당시의 미국경제와 구조 및 상황이 동일하다면 우리 한국의 주가가 미국처럼 상승할 수 있겠지만 그렇지 않다면 주가도 다른 방향으로 움직일 수밖에 없는 것이다.

지금 10년 정도의 장기 상승을 주장하는 사람들은 대부분 다음과 같은 주식시장의 수급요인만을 근거로 들고 있다.

1) 개인 금융자산의 증가

2) 간접투자 상품(펀드)의 판매 증가

3) 연기금의 주식투자 비중 확대

4) 퇴직연금 시행

5) 미국 주가의 박스권 탈피 후 장기 상승 랠리

그러나 필자는 이상과 같은 근거만으로 장기 상승 랠리를 주장하는 것이 얼마나 위험한 일인지를 펀더멘털 요인을 바탕으로 밝히면서 앞으로 적극적인 주식투자를 3~4년간 실행할 것을 권한다. 그리고 이것이 이 책을 집필한 동기이다.

뒤에서 자세히 설명하겠지만 주식이라는 유가증권은 생산활동을 하는 기업(Enterprise)이 발행하는 자본증권이다. 그리고 자본시장도 그 근간(Fundamental)인 실물경제 위에서 움직이고 있음을 망각하면 안 된다.

이렇게 펀더멘털에 근거하여 분석해 볼 때 앞으로 주가는 상승 추세가 3~4년에 그칠 전망이다. 그리고 이후엔 주가가 전반적으로 하락 추세를 보일 가능성이 크다. 따라서 이번 강세장은 자산을 증식시킬 절호의 기회임을 강조한다. 우리 한국에서는 이번 이상의 강세장이 다시 찾아올 가능성은 그리 크지 않다.

03 주식시장에 몰아칠
고령화 폭풍

세계는 실버 천국

고령화는 한국뿐 아니라 미국과 유럽 국가를 포함하여 21세기의 범세계적인 추세(Global Trends)이다. 남아시아와 아프리카 등지의 빈곤 국가들을 제외한 경제적 부국에 속하는 나라들은 이미 고령사회에 들어서 있거나 고령화가 진행 중이다.

이 세계적 현상은, 노령인구의 급증으로 이들을 부양하기 위한 재정지출 증가에 따른 재정적자 확대 문제를 초래하고 있다. 뿐만 아니라 부양인구가 증가하는 반면에 경제활동 인구가 감소하면서 경제의 활력을 떨어뜨려 경제를 저성장 국면으로 빠뜨리는 것과 함께 주식과 부동산 등 자산가격에 급격한 변동을 가져와 금융시장에 심대한 충격을 줄 것으로 우려되고 있다.

일본은 이미 1990년대에 고령화에 따른 자산가격 폭락을 겪었고, 고령인구는 급증하는 반면에 출산은 줄어 인구가 감소 추세에 접어들었다.

이후 고령화가 주식과 부동산 등 자산시장에 미치는 영향 등에 대해서 많은 연구가 수행되었고 그 결과 다수의 논문이 발표되어 있는 바, 우리나라에도 관련 논문과 보고서들이 발표되기 시작하고 있다. 이들 자료를 종합해 보면 우리 한국도 고령화가 진전됨에 따라 주가 하락과 부동산 가격 하락 위험이 다가오고 있고 이에 대한 대비가 시급한 실정이다. 특히 개인 자산관리에서, 고령화 현상은 평균수명 연장에 따른 노후생활비 증가보다 자산가격의 변동에 미치는 영향이 더 심각한 상황이다. 왜냐하면 장기 불황으로 자산시장의 붕괴 가능성이 대두되고 있기 때문이다.

한국 주식시장에 몰아칠 고령화 폭풍

한국 주가의 상승 기간이 3~4년에 불과할 것이라는 필자의 주장은 역시 우리 한국의 고령화 추세를 바탕으로 하고 있다. 2006년 2월 24일자 주요 일간신문은 "인구 감소 추세로 2031년에 한국경제의 잠재성장률이 1%대로 떨어질 것"이라는 재경부 발표 자료를 기사로 싣고 있다.

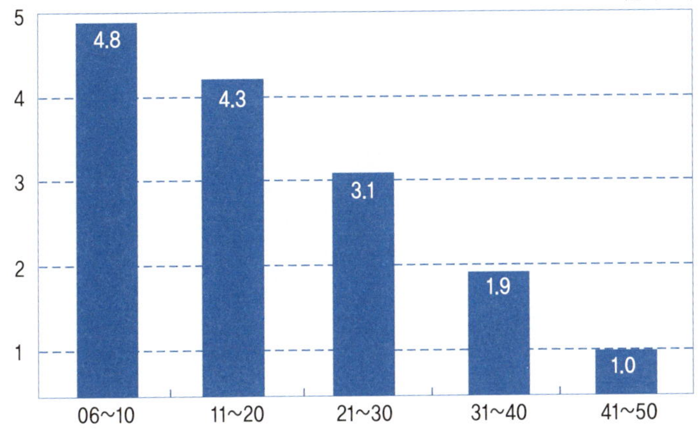

〈자료 : 재경부〉

　　재경부의 발표 내용을 그대로 따른다고 하더라도 인구 감소로 지속적인 성장률 하락이 확실해지고 있다. 이는 바로 경기의 전반적인 하강을 의미하는 것이다. 일시적인 회복 시기는 있겠지만 추세적으로는 경제가 가라앉을 것이라는 신호가 아닐 수 없다.

　　이 책에서는 노후자금이 얼마가 필요한지에 대한 설명은 하지 않는다. 노후자금 문제는 다른 서적이나 연구 보고서 등 자료들이 많이 있기도 하고 각자 개인 나름대로 충분히 설계해 볼 수 있기 때문이다.

　　본 서는 고령화 현상이 주식과 채권 그리고 부동산시장에 어떤 변화를 가져올 것인지에 대한 분석을 통해 이에 대응하는 투자전략을 제시하는 데 더 중점을 둘 것이다.

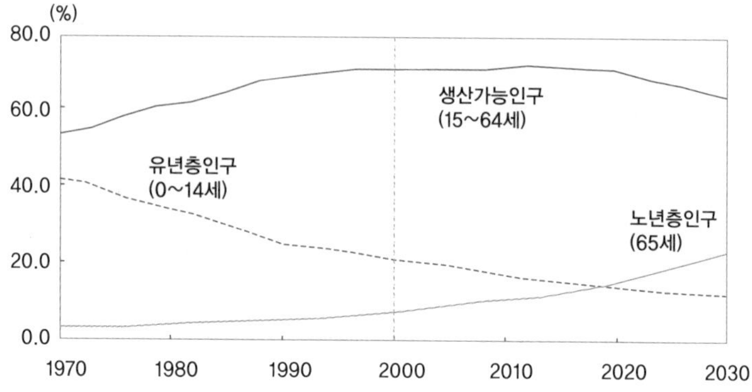

〈그림 1-2〉 연령 계층별 인구구성비 추이

〈자료 : 통계청〉

위의 〈그림 1-2〉와 제 4장에 설명되어 있는 바와 같이 우리 한국의 인구구조에만 국한해서 주가를 예측하면 2015년까지 주가가 상승할 수 있게 되어 있다. 그리고 이후엔 주가가 장기간 하락할 것이 예상된다. 왜냐하면 40대 중심의 젊은 인구가 2015년을 정점으로 이후 감소 추세를 나타내기 때문이다.

그러나 세계 최대의 경제대국이자 우리의 중요한 수출 대상국인 미국이 우리보다 5년 앞서 40대 중심의 젊은 인구의 감소로 경제가 침체되고 주가가 크게 하락할 것이기 때문에 우리 한국 경제와 주가도 이때부터 미끄럼을 탈 수밖에 없는 상황이다.

그리고 뒤이어서 앞에서 언급한 우리 국내의 젊은 인구 감소세가 밀어 닥친다. 경기침체가 도를 더할 것이고 주가가 계속 하락할 것으로 전망된다.

그러나 우리가 고령화의 전개를 투자의 전략적 시각으로 보면 이것이 꼭 걱정스러운 것만은 아니다. 우리에게 큰 투자의 기회를 제공해 주는 측면도 강하다. 왜냐하면 일본과 미국의 사례를 비추어 볼 때 주식과 부동산은 고령화 직전에 가격이 거품을 일으키며 급격하게 오름으로써 부(富)를 최대한으로 늘릴 수 있는 기회를 제공하기 때문이다. 거품이 꺼질 때 일어날 위험을 관리할 수 있는 능력만 있다면 부를 늘릴 수 있는 절호의 기회가 아닐 수 없다.

이 책은 왜 우리에게 희망이 있고 부자가 될 기회가 왔는지 그리고 부를 늘릴 시간이 있는지 그 근거를 하나씩 체계적으로 설명해 나갈 것이다. 아울러 향후 3~4년간의 주식 강세장에서 부를 최대한 늘릴 수 있도록, 지금 진행 중인 고령화 추세가 자산 시장에 미칠 위험을 미리 점검하고 통제력을 갖출 수 있게 도와드릴 것이다.

앞으로 3~4년이면 그리 짧지 않은 기간이다. 이 기간 동안 필자의 설명을 잘 활용하여 이 책의 독자 분들이 모두 부자의 대열에 동참하기를 빈다.

장기투자도 단기매매 만큼 위험하다

Baby Boome

1. 묻지마 장기투자는 위험하다
2. 장기투자의 수익성과
3. 한국주가와 80년대 미 다우지수
4. 펀더멘털에 기초한 장기투자를 하라

01 묻지마 장기투자, 위험하다

묻지마 장기투자 = 단타투자

앞에서 설명한 내용을 보면 우리가 흔히 듣는 장기투자와 배치되는 느낌을 강하게 받는다. 이것도 필자가 이 책을 집필한 또 하나의 목적이다. 우리의 주식투자 목적이 주가를 올리는 것이 아니라 부를 늘리고 주식투자에서 성공하는 것이라면 맹목적인 장기투자도 단기차익을 노리는 단타투자처럼 경계해야 할 일이다. 과유불급(過猶不及)이라는 말처럼 앞뒤 가리지 않는 묻지마 식 장기투자는 단타투자와 위험성 면에서 다를 바 없다.

이제 우리 한국 주식시장에서 단기차익을 추구하는 주식투자가 성공할 수 없다는 것은 이미 상식이 되었다. 주식투자에서 이익을 낼 확률은 장기투자가 단기투자보다 월등하게 높다. 그리고 단기투자는 이익을 낼 확률도 매우 낮을 뿐 아니라 손실 폭도 아주 크다.

그러나 단기투자보다는 낮지만 장기투자가 안고 있는 문제점은 수익성과가 낮다는 점이다. 그리고 위험이 전혀 없는 것도 아니다. 단기투자보다는 훨씬 낮지만 상당한 수준의 위험에 노출된다. 그리고 그 위험이 치명적일 수도 있다. 그래서 필자는 이른 바 '묻지마 장기투자'를 지양할 것을 강조해 왔고 이를 더 자세히 알리기 위해 이 책을 집필하게 되었다.

02 장기 주식투자의 수익성과

여기서 주식 장기투자의 수익성과에 대한 설명이 필요하다. 왜냐하면 단기투자의 폐단을 강조하다 보니 장기투자이면 반드시 필승 또는 고수익이라는 논리가 확산되고 있기 때문이다.

주식을 장기투자하면 원금 손실을 보지 않고 이익을 낼 확률은 크게 높아진다. 이것은 사실이다. 왜냐하면 미국을 비롯해 대부분의 나라들이 장기에 걸쳐 주가가 상승해 왔기 때문이다. 단기적인 주가 하락이나 폭락에 개의치 않고 장기간에 걸쳐서 주식에 투자하면 거의가 다 이익을 내게 된다.

그러나 이렇게 장기간의 주식투자는 이익을 낼 확률은 높지만 수익률은 썩 우수한 편이 아니라는 것이 문제다. 다시 말하면 고수익은 아니라는 것이다.

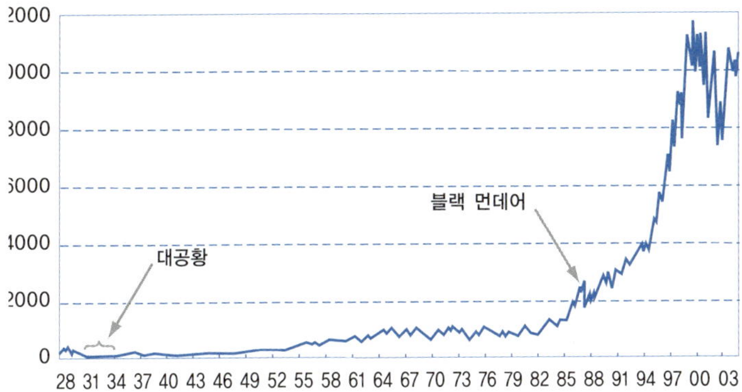

미국 최고의 경영대학원인 '와튼 스쿨'의 교수, 제레미 시겔(Jeremy Siegel)의 저서 「주식투자 바이블」에 의하면 1802~1997년까지 200년 가까운 기간동안 미국의 주식 수익률이 복리기준으로 7.0%(단리 8.5%)에 불과하다.

제 2차 대전 후인 1946년~1997년 기간으로는 복리기준으로 7.5%이며 1966년~1997년 기간은 복리기준으로 6.0%이고 단리로는 7.0%에 불과하다. 그러나 1982년~1997년 기간엔 복리로 12.8%의 높은 수익률을 기록했다. 제레미 시겔은 집필 시기상 밝히지 못했지만 1991년~2000년으로 기간을 잡으면 복리기준으로도 연 30% 가까운 수익률이 확인되었을 것이다. 놀라운 수익률이 아닐 수 없다.

앞의 〈그림 2-1〉에서 우측에 그래프가 거의 수직으로 상승하는 부분이 연 평균 30% 수준으로 주가가 오른 1990년대 기간이

〈자료 : 니케이 신문〉

다. 왼 쪽 아래에 보이는 작은 굴곡이 1929~1932년 대공황 시기의 다우지수 움직임이고 또 오른 쪽에 작은 절벽 같은 돌출 부분이 1987년 10월의 그 유명한 '블랙 먼데이' 다.

일본의 경우를 보면 위의 〈그림 2-2〉는 1950~2004년의 일본 니케이평균 지수의 월말지수 추이를 나타낸 그래프이다. 1950~1958년까지는 거의 변화가 없고 1960년대 초에 상승이 있은 후 1960년대 후반까지 횡보하다가 1970년대부터 서서히 상승하는 모습을 보인다.

1974년의 1차 오일쇼크 때 큰 폭의 하락이 있었음을 알 수 있고 이후 꾸준히 상승하다 1980년대 중반 이후 주가가 거의 수직 상승 곡선을 그리고 있다. 그리고 마침내 1990년에 대 폭락이 발생했다.

장기투자의 기간이 도대체 얼마의 기간을 말하는 것인지도 각 개별 투자자별로 따져 봐야 하지만 어쨌든 장기투자가 우리가 생각하는 것처럼 고수익을 내지는 못한다는 것을 알 수 있고 어느 시기에 하느냐에 따라서 큰 수익이 날 수도 있고 원금 손실을 볼 수도 있다.

한국주가와
80년대 미 다우지수

향후 한국 주가의 장기 상승을 주장하는 사람들은, 1980년대 미국의 미 다우지수가 박스권 양상을 보이다가 후반에 이 박스권을 탈출하며 10년이 넘는 장기 랠리에 진입했는데, 현재 한국의 주가가 이때의 다우지수와 흡사한 움직임을 보이고 있음을 근거로 제시하고 있다.

그러나 이는 현재 한국 경제의 펀더멘털이 당시의 미국과 일치하는 경우라야 적용해 볼 수 있는 예측일 것이다. 독자들도 인정하겠지만 미국과 우리 한국의 경제 사정은 판이하게 다르며 당시의 미국과 우리의 현재 경제 패러다임은 전혀 같지가 않다.

따라서 단순히 주가의 변동 추이가 유사하다 해서 '80년대 후반 이후 미국처럼 한국 주가가 10년 이상 장기 상승 추세에 들

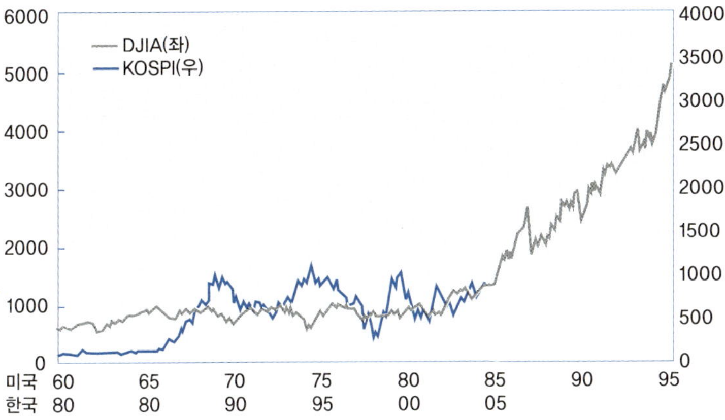

어간다는 주장은 주의해서 들을 필요가 있다. 필자는 다음과 같은 실물경제 요인들 때문에 우리 한국 주가가 5년 내지 10년 이상의 장기 상승 가능성이 희박하다고 보고 있다.

1) 한국경제의 높은 무역 의존도

2) 한국 경제의 확장국면이 3~5년간 진행

3) 미국의 인구구조상 2010년까지 미국 경제가 성장하고 이후 침체 예상

4) 2008년 북경 올림픽 후 중국 경제의 하강 가능성

우리 한국경제의 무역의존도는 70% 수준이다. 이런 경제구조상 한국경제는 해외경제와 무관할 수 없으며 특히 수출의 거의

절반을 차지하는 미국과 중국의 경제 동향은 한국 경제에 지대한 영향을 미치게 되고 한국 주가에도 영향을 주게 된다. 그런만큼 주식투자자는 국내 경제 뿐만 아니라 이들 나라의 경제 동향 및 전망도 면밀히 관찰해야 한다.

그런데 미국의 인구구조를 보면 2010년에 소비의 주축인 40대 인구가 마지막 정점을 이루고 이후 급감한다. 미국 경제가 디플레이션에 빠질 가능성이 크며 중국은 북경 올림픽 후 경기가 하강할 가능성이 큰 것으로 분석되고 있다.

내수기반을 빨리 확충하지 못하면 중국 경제도 2008년 후 경착륙을 할 수 있고 다행히 연착륙을 하더라도 한국 경제와 주가에 적잖은 영향을 줄 것으로 예상된다.

이상과 같은 해외경제 요인들 외에 국내경제 요인으로 지금 회복되기 시작한 우리 경제가 앞으로 적어도 3년에서 5년 정도 호경기를 구가하고 그 후에는 경제 법칙 상 후퇴하게 될 것인데 이런 요인들이 2009~2010년 사이에 중첩되고 있다.

이들 국내외 요인은 우리 경제를 향후 3~4년간 성장시켜 주면서 주가도 크게 받쳐 주고 그 대신 이후엔 우리 주가를 크게 떨어뜨리는 작용을 하게 될 것이다. 따라서 우리는 이 같은 실물경기 변동을 따라서 2009년 전후까지 적극적으로 주식에 투자해야 하고 이후엔 채권과 예금 등 안전자산 중심으로 자산운용을 해야 한다. 그리고 부동산은 최소한으로 조정해야 할 것이다.

04 펀더멘털에 기초한 장기투자를 하라

앞에서 미국의 다우존스 지수와 일본의 니케이 평균 지수를 바탕으로 주식시장의 흐름을 무시한 장기투자가 이익 가능성은 크지만 높은 수익성과는 달성할 수 없음을 알아보았다. 하지만 그렇다고 해서 장기투자가 낮은 수준이나마 투자기간 동안 언제나 이익을 안겨 주는가 하면 그렇지가 못하다. 그뿐 아니라 원금 손실 가능성도 전혀 작지 않다.

시장의 흐름을 무시한 장기투자가 초래할 위험은, 투자 기간 중에 일어날 단 몇 년간의 주가 폭락이나 하락이 투자자를 파산 상태로 몰아넣을 수 있다는 것이다. 왜냐하면 주가의 하락은 곧 경제의 침체 때문인데 이때 소득이 감소한 투자자가 보유중인 주식을 매각해야 하는 상황이 되었을 때 이미 주식은 휴지조각으로 변한 뒤일 것이기 때문이다.

'묻지마식 장기 주식투자'의 맹점은 무조건 주가가 지속적으로 상승한다는 것을 전제로 하는 점이다. 투자자의 연령에 의한 퇴직 시기와 자금이 필요한 시기에 상관없이 주가가 계속 상승한다고 전제하면 주식 외에는 다른 투자 대안이 있을 수 없다.

그러나 장기간 주가가 오르는 중에도 다음 〈그림 2-4〉와 같이 수년간에 걸쳐 주가가 폭락하는 경우가 발생하기도 하고 폭락이 아니더라도 주가가 하락하는 시기도 존재한다. 그런데 투자자가 단 2~3년간의 주가 폭락 시에 은퇴를 한다든가 또는 사고를 당해서 당장 거액의 의료비 때문에 주식을 매각하거나 펀드를 환매해야만 한다면 이 투자자에게 수 년 후의 주가 상승이 무슨 의미가 있겠는가?

1929년 이후 미국의 대공황 시기에 주가는 1932년까지 무려 80% 정도 폭락했다. 〈그림 2-4〉에서 보듯이 1940년이 되어서도 150 포인트 수준에 불과하다. 1928년부터 주식을 보유했으면 무려 13년의 기간동안 주식투자자는 휴지조각을 손에 쥐고 있는 셈이다.

문제는 투자자인 '내'가 자금이 필요할 때 손실이 아니라 이익인 상태여야 하고 수익이 좋아야 하는 것이다. 그래서 우리는, 변동을 예측하기 어렵다 해서 동적인 경제상황을 무시하거나 외면한 채 주가의 장기상승을 전제로 해서 포트폴리오를 짜

는, 박제 동물과 같은 죽은 재무 설계를 경계해야 하는 것이다.

또 다른 장기투자의 대표적 실패사례는 1990년대의 일본이다. 1990년 연초부터 시작된 주가 폭락은 10년 넘게 진행되면서 수많은 주식 투자자들이 원금을 날렸다. 1980년대에 행복한 노후를 그리며 주식과 펀드에 투자했던 사람들이 휴지조각이 돼 버린 주식이나 원금이 날아가 버린 자신의 펀드 수익증권을 손에 쥐고 은퇴할 때 얼마나 참담했을 것인가?

이런 이유 때문에 필자는 제대로 된 자산관리사나 재정상담사가 되려면 금융상품에 대한 지식은 기본이고 거시경제에 대한 안목도 동시에 갖출 것을 강조하는 것이다. 펀드 지식만으로는 2% 이상 부족한 금융인이다.

결론으로 장기투자를 하되 미국과 일본의 경우처럼 주가의 상승과 하락에 작용하는 펀더멘털을 바탕으로 주가의 움직임을

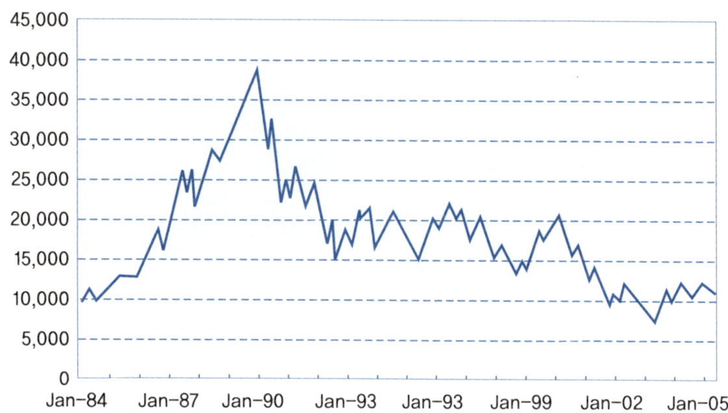

관찰하며 매수와 매도 전략을 구사해야 한다.

즉 경기 확장기에는 주식 비중을 높이고 경기 수축기에는 주식 비중을 낮추는 대신 채권 비중을 높이는 적극적인 자산운용 전략을 실행해야 투자의 성공 확률을 높일 수 있다. 성공적으로 경기변동을 예측했을 때 '매수 후 보유' 전략보다 최대 3배 이상으로 부(富)를 늘릴 수 있다는 제레미 시겔 교수의 말을 우리는 귀담아 들어야 한다.

수업료가
적게 드는 투자법

Baby Boome

3

1. 주가를 사지 말고 경제를 사라
2. 경제성장률과 주가
3. 기대심리 지표를 이해하라
4. 소비심리도 주가에 한몫 한다

s Economics

01 주가를 사지 말고 경제를 사라

주식투자에 성공하려면…

대부분의 사람들은 주식투자를 시작할 때 주식에 대해 공부한다. 주가의 이해와 주식거래 방법, 주식의 종류와 주주의 권리, 기술적 분석, 종목 고르는 법 등에 대한 지식을 먼저 찾는다. 물론 이것이 분명히 잘못된 것은 아니다.

그러나 이 방법은 투자 과정에서 너무나 많은 수업료를 요구한다. 이 방법으로 투자를 시작하는 사람들은 주가의 변동 원인을 증권시장 내의 수급 요인 외에는 찾지 못하기 때문에 전략 부재에 빠지게 되어 실패를 반복해야 한다.

아주 많은 자본을 갖춘 사람이 아니면 커다란 손실만 본 채 중도에 포기하게 된다. 그리고 불행해지는 사람도 적지 않다. 주식투자에서 수업료를 가급적 적게 치르고 성공하기 위해서는 급할수록 돌아가라는 말처럼 바로 주식에 대해서 파고드는 것보다 절차를 한 단계 우회하는 것이 좋다.

그 방법은 주식투자를 시작할 때 경제공부를 먼저 하는 것이다. 이것이 주식투자와 너무 동 떨어진 것 같지만 전혀 그렇지 않다. 본 서의 부분 부분에서 언급하고 있듯이 주식은 기업이 발행한 증권이고 주가를 결정하는 것은 기업의 가치라는 점을 잊어서는 안 된다. 그리고 기업의 가치는 그 기업의 존립 목적인 사업의 성과이고 이 사업의 성과는 경제 상황이 결정적으로 좌우하게 된다.

다시 말하면 기업은 영리를 목적으로 경제의 중요한 한 부문인 '생산' 활동을 한다. 그런데 기업이 이렇게 생산한 상품이 소비되지 않는다면 이 기업의 '사업성과'는 저조할 것이고 존립마저도 위협받게 되며 주가도 하락할 것이다.

그래서 우리는 생산과 소비의 부문으로 압축하여 표현할 수 있는 경제에 대해 먼저 공부해야 하는 것이다. 이 경제가 잘 순환되느냐 않느냐에 따라서 기업의 가치가 달라지고 그 결과 주가가 달라지는 것이다. 주식의 종류, 주주의 권리, 종목분석, 차트 분석 등은 다음 문제이다.

즉 주식투자를 시작할 때 공부하는 순서를 다음과 같이 개선해야 한다는 얘기다.

경제 → 주가지수 → 기업분석 → 종목 선정

이 순서는 직접투자자의 경우에 해당하는 과정이다. 만일 간접투자자라면 다음과 같이 그 단계를 훨씬 더 단축할 수 있다. 시간과 노력을 크게 절약할 수 있는 것이다.

경제 → 주가지수

왜냐하면 펀드를 통한 간접투자는 자동적으로 분산투자가 되며 기업분석과 종목 선정을 펀드 매니저라고 하는 자산운용사의 전문 인력이 대행해 주기 때문이다.

그래서 '주식을 사지 말고 기업을 사라.'는 직접투자의 격언에 빗대서 필자는 간접투자자에게 '주가지수를 사지 말고 경제를 사라'고 얘기한다. 왜냐하면 다음 〈그림 3-1〉에서 보는 것처럼 경제의 순환 상태를 나타내는 경기와 주가가 높은 상관관계를 가지고 변동하기 때문이다. 그럴 수밖에 없는 이유는 경기가 생산과 소비로 압축되는 경제활동 수준을 나타내는데 경기가 좋으면 기업의 실적이 좋아지게 되고 경기가 나쁘면 기업의 실적이 부진하게 되기 때문이다.

다음 〈그림 3-1〉을 보면 경기를 예고해 주는 지표인 선행종합지수와 종합주가지수가 매우 유사한 모습을 보이며 나란히 움직이고 있다. 저점과 고점 사이의 중간 부분에서는 모양은 다르지만 움직이는 방향이 같고 저점과 고점 시기가 거의 일치하고 있

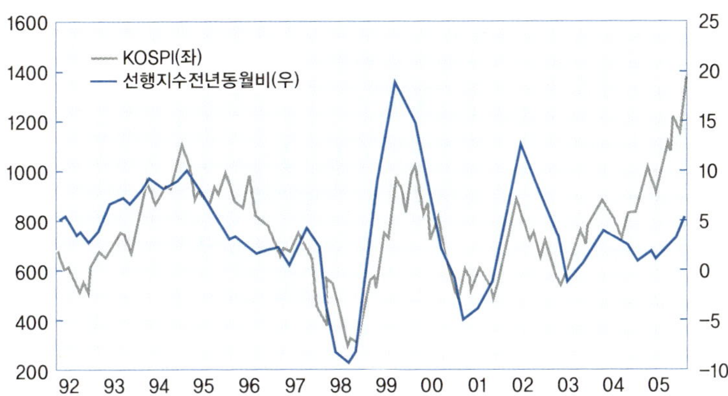

다. 즉 중간에는 때때로 서로 다른 방향으로 움직이는 경우가 있지만 결국에는 저점과 고점에서 두 지표가 만나는 것이다.

경기지표의 종류

주식투자를 포함한 자산운용에 필요한 경기지표는 그 수가 아주 많지만 가장 유용한 대표적인 것 몇 가지만 선별하면 다음과 같다.

① 경기종합지수 – 선행종합지수, 동행종합 지수, 후행종합지수

② 경기판단지수 – BSI, CSI

③ 경제성장률

<표 3-1> 선행종합지수 개편 내용(2003. 2월)

부문	2003. 1월	2003. 2월~06. 1월	비고
고용	입직자/이직자 비율	좌동	유지
생산	중간재출하지수	–	폐지
	재고순환지표	재고순환지표	유지
		BSI	추가
소비	내구소비재출하지수	–	폐지
투자	기계수주액	설비투자추계지수	대체
	건축허가면적(주거+산업)	건축허가면적(총)	대체
	건설용중간재생산지수	–	폐지
		자본재 수입액	추가
금융	총유동성(말잔,전년동월비)	총유동성(계절조정)	대체
		종합주가지수	추가
무역	수출신용장 내도액	–	폐지
	수출용원자재 수입액	–	폐지
		순상품교역조건	추가

〈자료 : 통계청〉

　이상의 지표 외에도 경제 분석가나 펀드매니저 등은 경상수지, 유가, 장단기 금리차 등 경제지표를 활용하여 주가를 예측하기도 한다.

선행지수와 주가지수의 동시성에 대한 해설

　통계청은 2003년 2월, 경기를 예고하는 경기선행종합지수의 구성지표를 개편한 바 있는데 이때 선행종합지수에 새롭게 편입된 경제지표가 BSI와 종합주가지수이다.

　이 두 지수는 경기에 앞서서 예고 기능이 클 뿐더러 타 선행지수들과의 상관관계가 높아 선행지수에 편입되었는 바, 이 두 지수가 경기동향 파악에 더 나아가 경기를 예측하는데 큰 의미를 갖는다고 할 수 있고 결과적으로 주식시장의 흐름을 파악하고 예측하는 데 매우 유용한 지표이다.

우리가 〈표 3-1〉의 선행종합지수 구성 지표만 보면 종합주가지수가 선행지수에 포함되어 있기 때문에 당연히 이들 두 지표가 나란히 움직이는 것처럼 보이는 것 아니냐고 반문할 수 있다. 만일 다른 어떤 지표도 선행종합지수의 구성 지표로 포함되어 있다면 같은 현상이 나타날 것이다. 물론 통계청이 신중한 판단 없이 아무 경제지표나 경기종합지수에 포함시키지는 않을 것이지만 이 같은 의문은 충분히 가능한 것이다.

그런데, 앞의 〈표 3-1〉을 보면 금융부문에서 종합주가지수가 2003년 2월에야 선행종합지수에 편입되었음을 알 수 있다. 그러나 이미 〈그림 3-1〉에서 확인한 바대로 선행종합지수와 종합주가지수는 1992년부터 동시성을 가지고 움직여 오고 있다. 즉 종합주가지수의 선행종합지수 포함 여부와 상관없이 두 지표는 오래 전부터 밀애(?)를 지속해 오다 2003년 2월에 결혼(?)을 하기에 이른 것이다.

경제성장률과 주가

국내총생산(GDP ; Gross Domestic Product)

경기의 움직임을 파악하는 개별 경제지표 중 가장 대표적인 것이 GDP다.

GDP란 한 나라의 모든 경제주체가 일정 기간 동안에 생산한 재화와 용역의 부가가치를 금액으로 환산하여 합계한 것으로 각 부문의 생산 활동은 물론 소비, 투자, 수출 등 수요동향까지도 살펴볼 수 있는 종합적인 지표라고 할 수 있다.

그래서 이 GDP는 해당 기간의 경기상태를 가장 집약적으로 나타내 주는 경제지표이고 〈그림 3-2〉처럼 주가와도 상관성이 작지 않아 주식투자를 위한 판단에 매우 유용한데 문제는 이 지표의 통계가 당해연도 또는 분기가 끝난 후 상당 기간(약2~3개

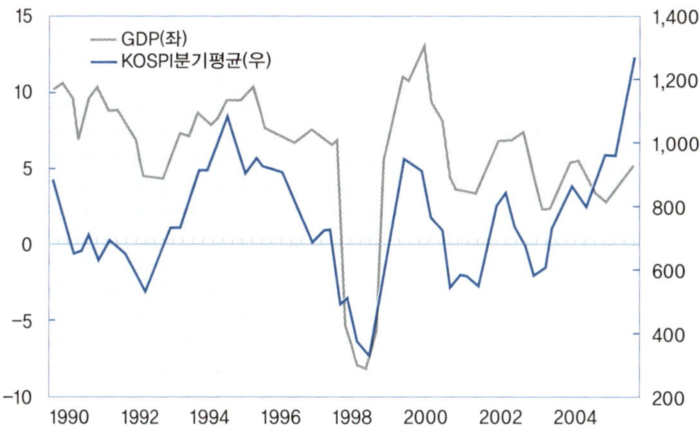

〈자료 : 한국은행, 증권선물거래소〉

월)이 경과한 후에야 추계가 가능하다는 것이다. 그렇기 때문에 이를 통하여 신속히 현재의 경기상황을 판단하거나 장래의 경기 흐름 예측에 어려움이 있고 특히 주식투자의 지표로 활용하기에는 너무 뒤늦다.

그러나 이 GDP 성장률을 주식투자에 활용할 수 있는 방법은 주요 경제연구 기관들이 발표하는 GDP 전망치를 종합하여 판단하는 것이다. 그러니까 통계 대상 기간이 지난 뒤에 발표되는 확정치에 의존하지 말고 다소 불확실하기는 하지만 전망치를 주식투자의 참고 지표로 삼아도 별 무리는 없는 편이다.

다만 문제가 되는 점은 주가의 추세가 전환되는 점을 파악하기에는 이 GDP 성장률 지표가 적절치 못하다는 점을 부인할 수

〈표 3-2〉 2006년 경제성장률 전망

(단위: %)

항목	한국금융연구원	LG연	한경연	현대연	삼성연	KDI
경제성장률	4.7	4.6	4.9	4.5	4.8	5.0
민간소비	4.9	3.6	5.2	3.5	4.9	4.6
설비투자	6.2	6.8	7.7	5.5	6.5	8.5
건설투자	2.0	1.1	3.1	1.5	3.4	1.5
상품수출	8.7		6.8			10.6
상품수입	8.9		6.5			10.9
경상수지(억달러)	140	220	53.5	80	62	68

〈자료 : 각 연구소, 2005년 말 발표 전망치임〉

없다. 이 점은 선행지수와 다른 개별 지표를 활용하면서 GDP 성장률을 참고적으로 활용하면 큰 도움이 될 것이다.

2005년 우리 한국경제가 연간 4.0%의 경제성장률을 기록한 것으로 미루어, 〈표 3-2〉에서처럼 2006년에 5.0% 전후의 성장률을 달성한다면 연말 기준으로 주가가 상승할 수 있다는 얘기가 성립된다.

GDP와 GNP 그리고 GNI의 차이

먼저, GDP(Gross Domestic Product)와 GNP(Gross National Product)는 생산 개념의 용어이고 GNI(Gross National Income)은 소득 개념의 용어이다.

그런데 GDP와 GNP를 우리 한국의 예를 들어 설명하면, GDP는 내국인 외국인 가리지 않고 한국 영토 안에서 생산되는 모든 부가가치의 총계이고 GNP는 한국인이 한국 영토이든 영토 밖 해외이든 가리지 않고 생산한 부가가치의 총계를 말한다.

이 GDP는 명목 GDP와 실질 GDP로 표시된다. 먼저 매 분기나 연도별로 당시의 물가로 계산되는 것이 명목 GDP인데 이것은 당시의 물가로 산출된 것이기 때문에 기준 연도의 물가를 기준으로 실질적인 총생산액을 산출하는 것이 필요하다. 그래서 이 명목 GDP를 기준 연도의 물가로 환산하여 산출하는 것이 실질 GDP이고 기준 연도의 실질 GDP 대비 비교 연도의 실질 GDP의 증가율을 실질 GDP 증가율이라 함과 동시에 경제성장률로 표현하는 것이다.

GNI는 '실질국민총소득'이라고 하며 국민이 GDP를 창출하는 활동에 참여하여 얻는 실질 소득을 말한다. 산출 방법은 GDP에 실질 무역 손익을 더하고 해외에 투자한 요소의 순 수취소득을 합한 것이다.

03 기대심리지표를 이해하라

BSI의 의미

필자와 같은 인덱스 투자론자에게는 더더욱 그렇지만 개별 종목 투자자에게도 BSI를 바탕으로 한 주식시장 흐름을 이해하는 것은 매우 중요하다.

BSI(Business Survey Index)는 우리말로 '기업경기실사지수'이다. 간혹 신문 기사에는 '기업체감경기'라고도 표현되는데 상관은 없다. 이 지표를 요약해서 정리하자면 기업가들의 경기에 대한 판단을 지표로 작성한 것이다. 기업가들의 경기에 대한 판단은 객관적 근거를 요구하는 것이 아니라 주관적인 느낌일 뿐이다. 설문조사에 의해서 현재와 6개월 후의 경기에 대한 판단을 물어서 답변을 토대로 지표를 작성한다.

0~200의 값을 가지며 동 지수가 100 이상인 경우 경기를 긍정적으로 보는 기업가(=업체수)가 부정적으로 보는 기업가에 비해 많다는 것을 의미한다. 그런데 기업가는 영리를 추구하는 사람들이기 때문에 '경기'를 소극적으로 생각하지 않고 매우 적극적으로 생각한다. 왜냐하면 '경기'가 바로 자신의 사업성과를 결정짓기 때문이다. 그래서 다음과 같은 결과를 낳는다.

경기를 낙관하는 기업가 → 투자 확대
경기를 비관하는 기업가 → 투자 축소

기업경기실사지수(BSI)가 100을 상회한다면 그 의미는 경기 전망을 밝게 보는 기업가가 어둡게 보는 기업가보다 많다는 것이다. 이는 곧 경제 전체적으로 투자의 증가를 예고하는 것이며 그 결과 투자수요 증가와 함께 고용의 증가, 기업의 생산과 매출의 증가에 이어 실적의 개선 내지는 향상을 예상할 수 있어 주가가 상승하게 된다. 그리고 100을 하회하면 반대의 현상을 예견할 수 있을 것이다.

한편 기업경기실사지수가 100 선에서 머무른다면 경제 전체적인 투자가 증가하지도 감소하지도 않을 것임을 예고하는 것이다. 긍정적인 편과 부정적인 편의 수가 비슷하기 때문이다. 경기를 예측하기 어렵고 투자에 있어서는 위험관리의 자세를 가져야 할 국면일 것이다.

BSI와 주가의 관계

다음의 〈표 3-3〉이 표시하는 과정은 다음 〈그림 3-3〉과 같이 나타난다. BSI와 주가지수가 항상 일치하는 것은 아니며 경기선행지수보다 상관관계도 떨어지지만 BSI와 주가지수도 높은 상관관계를 보이고 있다. BSI와 주가지수 사이에 설비투자의 변동이 개입되어 있음을 감안하면서 주식 투자에 활용하면 큰 도움을 받을 수 있을 것이다.

〈표 3-3〉 BSI-기업실적-주가 관계

BSI 수준	기업투자		경기영향		기업실적		주가
BSI 〉 100	증가	⇒	확장	⇒	향상	⇒	상승
BSI ≒ 100	정체	⇒	정체	⇒	정체	⇒	조정
BSI 〈 100	감소	⇒	수축	⇒	저하	⇒	하락

〈그림 3-3〉 BSI-주가추이

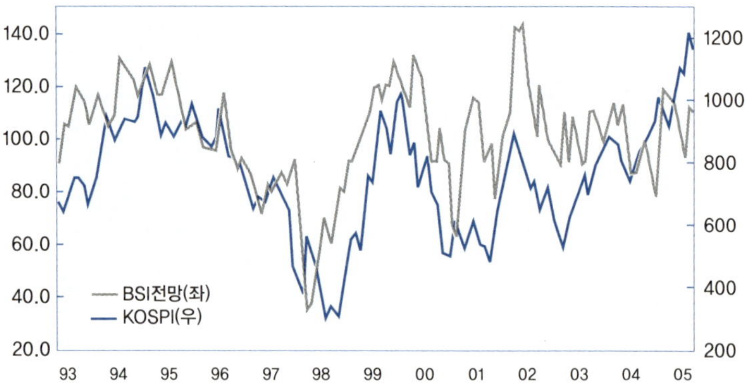

〈자료 : 전경련, 증권선물거래소〉

04

소비심리도 주가에 한몫 한다

소비는 경제의 버팀목

CSI(Consumer Sentiment Index)는 우리말로 소비자태도지수라고 한다. 이 CSI도 BSI보다는 덜 하지만 주가와 긴밀한 관계가 있고 주식투자 시 꼭 빠뜨리지 않고 점검해야 할 지표이다.

사업성이 좋은 종목이라야 주가가 오를 수 있는 것처럼 주가지수도 경기가 좋아야 오를 수 있는 것인데, '경기'라는 말 자체가 '소비'를 내포하고 있기도 하지만 기업이 생산한 상품과 서비스를 소비자가 얼마나 소비를 해 줄 것인가가 경기 예측과 동시에 주가 예측에 중요한 변수가 된다.

예를 들어 기업가들이 아무리 경기를 좋게 보고 상품과 서비스를 대량으로 생산해 공급한다고 해도 소비자들이 팔아주지 않으면 아무런 의미가 없을 것이다. 소비가 따라주지 않는 생산은 있을 수도 없지만 만일 그럴 경우에는 경기가 침체되거나 공황에 빠지게 된다.

CSI의 의미

BSI 만큼은 아니지만 CSI도 비중 있는 경제 지표이고 특히 주식투자에서 주의 깊게 관찰해야 할 것인데 작성 취지는, 소비자의 경기에 대한 인식이 향후 소비행태에 영향을 미치게 되므로 경기 동향 파악 및 예측에 유용한 정보가 된다는 전제 하에 소비자의 현재 및 장래의 재정상태, 소비자가 보는 경제전반의 상황과 물가, 구매조건 등에 대해 설문조사를 하고 이를 지수화한 것이다.

CSI가 100을 넘지 못하면 경기를 부정적으로 보는 소비자들이 경기를 좋게 보는 소비자들보다 더 많다는 뜻이고 그 결과 소비가 감소할 것임을 의미한다.

반대로 CSI가 100을 초과하면 경기를 낙관적으로 보는 소비자가 부정적으로 보는 소비자보다 많음을 의미하고 따라서 대부분의 소비자들이 지갑을 열고 소비를 늘릴 것임을 나타낸다.

CSI와 주가의 관계

CSI도 BSI와 같은 원리로 소비행위를 통해 경기와 주가에 작지 않은 영향을 준다. 다음 〈표 3-4〉에서 CSI가 100을 넘어설

〈표 3-4〉 CSI-기업실적-주가 관계

CSI 수준	전체소비		경기영향	개선	기업실적		주가
CSI 〉100	증가	⇒	확장	⇒	향상	⇒	상승
CSI ≒ 100	정체	⇒	정체	⇒	정체	⇒	조정
CSI 〈 100	감소	⇒	수축	⇒	저하	⇒	하락

경우 (CSI 〉100), 이는 경제 전체의 소비가 증가할 것을 의미하고 이어서 경기가 확장되면서, 기업 실적이 향상된다. 그리고 이것은 주가를 상승시키게 된다. CSI가 100을 밑도는 경우(CSI 〈 100)는 반대 현상이 일어날 것이다.

다음 〈그림 3-4〉는 앞의 〈표 3-4〉를 그래프로 나타낸 것이다. 〈표 3-4〉의 내용이 그대로 표시되어 있다. 우리나라에서 CSI는 1998년 12월부터 작성되었는 바 이때부터 CSI와 주가의 변동추이를 보여주고 있다. 소비없이 '생산'과 '경제'도 없고 주가도 있을 수 없음을 인식하는 것이 중요하다.

〈그림 3-4〉 CSI-주가추이

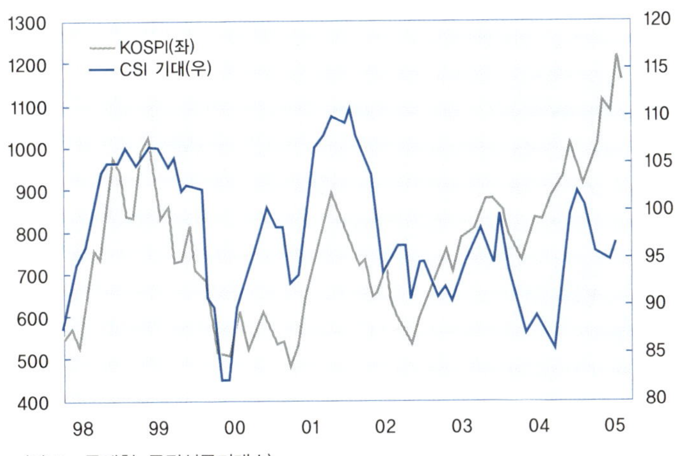

〈자료 : 통계청, 증권선물거래소〉

한국주가와 미국주가 왜 다른가?

Baby Boome

4

1. 한국주가가 홀로 설 수 없는 이유
2. 미국과 중국을 눈 여겨 보라

s Economics

한국주가가
홀로 설 수 없는 이유

높은 수준인 무역의존도

한국의 주가를 전망하기 위해서는 한국경제의 구조를 분석한 다음 이 구조의 변화 추세와 여기에 영향을 주는 외부 요인에 대한 분석이 선행되어야 한다. 그리고 이 구조에 기초한 경제의 펀더멘털이 앞으로 유망한지 여부를 확인해 보는 것이 필요하다.

현재의 대부분 국가들과 마찬가지로 개방경제 체제를 유지하고 있는 한국 경제를 큰 부문으로 나눈다면 대내 부문과 대외 부문으로 나눌 수 있다. 대내 부문은 흔히 내수경제라고 지칭하는 것으로 국내의 소비수요를 기반으로 하며 대외 부문은 수출입 등 무역활동을 중심으로 한 경제활동 부문이다. 한 나라의

〈표 4-1〉 2004년 OECD 주요국 경제의 무역의존도

국가명	무역의존도			국가명	무역의존도		
	합계	수출	수입		합계	수출	수입
홍콩	325.4	159.1	166.4	멕시코	58.5	28.0	30.5
말레이시아	196.1	106.7	89.4	러시아	49.0	31.2	17.9
벨기에	168.2	87.1	81.1	우루과이	45.9	22.4	23.6
타이	117.9	59.6	58.3	스페인	44.3	18.4	26.0
헝가리	114.9	62.5	59.8	영국	37.2	16.0	21.2
한국	70.3	37.3	33.0	일본	21.8	12.1	9.7
독일	60.5	33.9	26.7	미국	20.0	7.0	13.0

〈자료 : 한국무역협회. IMF「International Financial Statistics」2005.7〉
※ 무역의존도는 매 연도의 수출입액을 GDP로 나누어 계산하며 우리나라는 70% 수준을
유지하고 있다.

경제가 대외부문, 즉 해외경제로부터 받는 영향 정도를 나타내는 것이 GDP에 대한 수출입액의 비율로 산출하는 무역 의존도이다.

위의 〈표 4-1〉을 보면 미국과 일본은 경제의 무역 의존도가 매우 낮은 편이나 우리 한국은 국내 총생산(GDP)의 70% 정도를 무역에 의존하고 있음을 알 수 있다. 우리 경제의 무역의존도가 높은 것이다. 우리 한국경제가 미국을 비롯한 해외경제로부터 영향을 크게 받는데 반해 미국과 일본은 거의 영향을 받지 않고 자국 내의 내수에 의해 경제가 성장하고 주가도 움직이는 편이다.

물론 경제의 자립을 위해서는 국내 내수 기반이 튼튼해야 하겠지만 꼭 경제가 내수에만 의존하는 것이 좋은 것은 아니다.

작은 나라라면 오히려 기업의 경쟁력을 길러서 해외로 적극 진출하는 것이 국력을 키우고 국민의 복지를 증진하는 길이 될 것이다. 이와 같은 방법으로 부국이 된 대표적인 나라는 네덜란드이고 근래에는 영국 옆의 아일랜드이다.

우리 한국도 현실을 무시하고 외국자본을 배척하기보다 시장을 적극 개방하면서 기업의 경쟁력을 길러 해외로 적극적으로 진출하는 것이 우리 국력 증강과 민족의 미래를 위해 옳은 길일 것이다. 당장은 민족주의 운운하며 외국자본을 배척하고 시장 개방을 저지하는 것이 애국인 것 같지만, 자연자원도 부족하고 국토도 좁은 나라에서 폐쇄적 경제정책을 취하는 것은 고립을 자초하는 것 외에 아무런 의미도 없을 뿐더러 도리어 약소국으로 전락하는 결과만 초래할 것이다.

어쨌든 우리 한국경제는 무역 의존도가 상당히 높기 때문에 해외 경제의 영향을 크게 받는 편이다. 따라서 우리 한국의 주가도 수출을 매개로 해서 OECD 회원국 중심의 해외경기의 영향을 피할 수 없다. 하지만 가장 바람직한 것은 해외 경기가 좋아 수출도 잘 되고 나라 안의 내수도 증가해 국내경기가 확장되는 일일 것이다.

다음 〈그림 4-1〉은 한국 주가와 해외경제의 상관관계가 매우 높음을 보여주고 있다. 왜 이렇게 세계경제의 절대 규모를 차지하는 OECD 회원국의 경기선행지수와 한국의 주가가 높은 상관

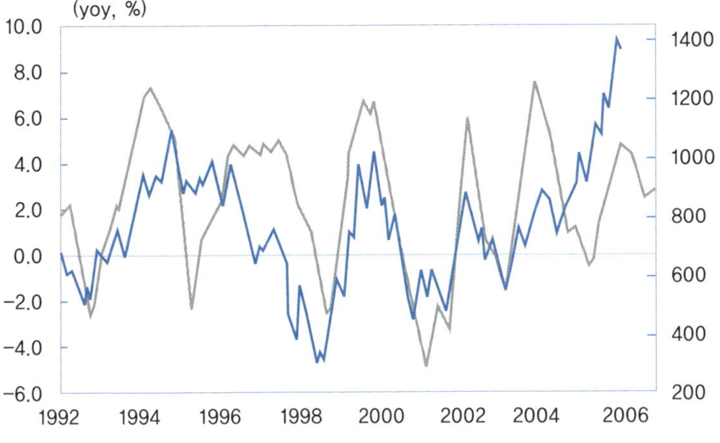

〈자료 : 김영익 경제 및 주가전망 보고서〉

관계를 갖는가? 이 두 지표 사이에는 한국의 수출이 개입되어 있다. OECD 회원국 특히 미국의 경기는 수입 수요에 변화를 주어서 한국의 수출액에 영향을 준다. 그리고 수출액의 변동은 경상수지의 변동을 통해서 한국 국내의 경기에 영향을 주고 이와 함께 주가에도 영향을 준다.

우리 한국 경제의 무역 의존도가 70% 수준이니 국내 증권거래소에 상장된 기업의 주가를 국내 경기에 국한해서만 예측하는 것은 오류를 범할 가능성이 크다. 2005년의 주가 전망 논쟁에서 비관론자들이 범한 오류는 한국 주가를 내수에만 치중해서 예측한 것으로서 우리 한국경제의 무역의존도를 간과했기 때문이라고 생각한다.

따라서 한국의 주가지수는 물론, 상장 기업의 주가를 예측할 때 해외 경기를 빼 놓을 수 없고 해외 경기와 국내 경기를 동시에 같이 관찰해야 보다 정확한 주가예측을 할 수 있을 것이다. 이런 점에서 우리 한국의 무역거래의 최대 비중을 차지하는 미국과 중국의 경제 전망과 주가 예측은 한국 주가를 예측할 때 필수 항목이라고 할 수 있다.

세계 주식시장은 근래에 들어 동조화 현상이 갈수록 심화되고 있다. 인터넷을 비롯한 IT기술의 발달로 정보의 유통이 신속해짐에 따라 주가의 동조화 현상이 심화되고 있는 것이다. 이 점만으로도 미국 주식시장의 동향이 우리 한국 주가에 미치는 영향이 지대함을 더 설명할 필요는 없으나 동조화 현상 외에 보다 근본적인 설명을 위해 미국과 중국을 비롯한 해외 경제와 관련하여 향후 한국 주가의 흐름을 예측해 보기로 한다.

02 미국과 중국을 눈 여겨 보라

　다음 〈그림 4-2〉와 〈표 4-2〉를 보면 지금 한국 수출의 거의 절반을 미국과 중국이 차지하고 있으며 점차 대 중국 수출물량이 증가하고 있는 중이다. 이미 2002년 이후에 중국이 차지하는 비중이 미국을 추월했고 그 격차는 날로 확대 추세에 있다.

　현재 중국은 한국의 최대 수출국이며 수입도 상당 규모를 차지하고 있다. 그리고 미국 역시 중국 다음의 수출 대상국이며 수입도 많은 양을 차지하고 있는 나라다. 이 말은 중국 경제의 한국경제에 대한 영향력이 막대하다는 것을 의미한다.

　미국의 영향력도 중국에 비해서는 감소하는 추세이지만 여전히 한국 경제에 큰 비중을 차지하고 있고 앞으로 상당 기간동안 이런 현상은 변함이 없을 것이다.

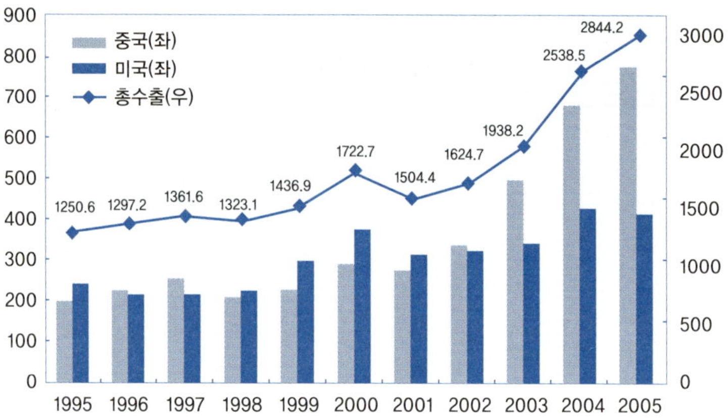

〈자료 : 관세청, 대신경제연구소〉
※ 홍콩은 중국에 포함.

미국의 경우, 우리 한국경제에 대한 영향력은 단순 무역 외에도 직접투자와 자본시장 진출 및 세계 최대 경제권으로서 중국보다 더 우월하다고 보아야 한다.

결론적으로 경제의 무역의존도가 높은 한국의 주가를 전망하기 위해서는 미국과 중국의 경제 전망이 필수적이고, 이들 두 나라를 포함한 OECD 회원국의 경제전망을 바탕으로 우리 한국의 주가를 예측하는 것이 국내 내수에만 국한해서 주가를 예측하는 것보다 정확할 것이다.

이상과 같이 우리 한국경제는 해외 경제에 대한 의존도가 상당히 높기 때문에 주가 예측에 해외경제 변수도 국내경제 변수와 함께 고려해야 한다.

〈표 4-2〉 2005년 한국의 주요 수출입 대상국

(단위: 백만 불, %)

수 출 대 상				수 입 대 상			
순위	국가명	금액	비중	순위	국가명	금액	비중
1	중국	77,146	27.2	1	일본	48,403	18.5
2	미국	41,343	14.5	2	중국	40,688	15.5
3	일본	24,027	8.4	3	미국	30,586	11.7
4	대만	10,863	3.8	4	사우디	16,106	6.2
5	독일	10,304	3.6	5	UAE	10,018	3.8
합계		16,683	57.5	합계		145,801	55.7
전체수출액		284,419	100.0	전체수입액		261,238	100.0

〈자료 : 무역협회〉

2006년 들어서 미 달러화 환율이 급락하면서 수출이 둔화되고 2월 경상수지도 7억 6000만 달러의 적자를 기록하는 등 무역 실적이 부진해지면서 경기와 주가가 하강세를 보이고 있지만 이는 일시적인 현상에 불과하다. 주력 수출 품목이 품질경쟁력을 갖추고 있기 때문에 2009년 무렵까지 미국을 비롯한 세계 경제 성장에 힘입어 다시 증가세를 보이게 될 것이고 주가도 상승하게 될 것이다.

인구구조가 금맥(金脈)이다

Baby Boome

5

1. 인구구조가 주가를 좌우한다
2. 일본의 베이비부머와 주가 상승
3. 왜 40대 인구가 중요한가?

s Economics

01

인구구조가 주가를 좌우한다

주가를 전망하는 데 있어서 인구구조를 거론하는 주된 이유는 앞의 경제에 대한 설명에서 얘기했듯이 '소비' 측면에 이 인구구조가 직결되기 때문이다.

소비는 개인(=가계)이 하는 것이고 이 소비 주체인 인구의 규모는 시장 규모를 결정지으면서 특정 산업을 포함하여 경제 전체에도 커다란 영향을 미치게 되고 이어서 주가에도 영향이 그대로 전달된다.

따라서 각 연령층별 인구구조를 알아보는 것은 장기적인 주가의 흐름을 예측해 보는데 매우 중요한 지표가 된다. 이 인구구조를 바탕으로 해서 주가를 예측, 적중시킨 사람이 미국의 해리 덴트(Harry S. Dent)이다. 해리 덴트는 인구구조를 바탕으로 –

물론 기술발전에 따른 생산성 향상도 포함했지만 − 1990년 일본의 주가 폭락을 예측하여 맞췄으며 1990년대 말에 미 다우지수가 1만 포인트에 달할 것이라는 것을 예측하여 맞췄다.

해리 덴트는 역시 같은 방법에 의거해 그의 저서 「버블 붐」에서 2010년을 전후해 미 다우지수가 4만 포인트에 달할 것이라고 예측하였는데 과연 그의 예언이 이번에도 적중할 것인지 지켜 볼 일이다. 참고로 2006년 2월 말경 미 다우지수는 11,000 포인트 대인데 꼭 정확히 4만이 아니라 해도 지금 수준보다 상당 폭 이상 상승한다면 그의 예언은 적중하는 셈이다.

어쨌든 인구구조의 변화는 전체 소비 규모에도 영향을 주고 산업구조에도 지각변동을 일으키는 변수가 된다. 이를테면 지금 대두되고 있는 고령화 추세는 실버산업의 성장과 함께 출산 및 유아 관련 산업의 쇠퇴를 초래하면서 경제활동 인구의 감소로 경제성장률을 저하시키는 등 그 경제적 영향이 막대할 것이다.

우리가 주식투자의 관점에서 인구구조와 경제현상의 관계를 해석하는 고리는 다음과 같은 것이다.

인구 → 소비 → 매출 → 기업실적 → 주가

위의 경로를 보면 인구규모는 시장의 규모를 형성함으로써 소비와 매출 그리고 기업 실적에 지대한 영향을 주는 바, 경기 변동에도 중요한 변수가 되고 이를 통해 결국엔 주가의 방향도 결정지을 정도의 힘을 가지고 있음을 알 수 있다.

고령화와 자산시장 붕괴

베이비 붐 세대의 은퇴가 주식, 부동산 등 자산시장에 미칠 영향에 관한 연구 보고서들 중 다수가 자산시장 내에서의 자산 수급 측면에만 초점을 맞추고 있는데 이들은 자산가격 변동을 금융시장 내에만 치중함으로써 보다 중요한 변수를 간과하고 있다고 본다. 이 보고서들의 논조는 다음 과정으로 요약된다.

은퇴자의 저축률 ↑ ⇒ 은퇴 후 자산 매각 가능성 ↓
⇒ 자산시장 붕괴 가능성 ↓

그러나 필자의 견해는 본 서에서 일관되게 주장하듯이, 개인의 자산에 대한 수급은 저축측면보다 예상되는 자산가치를 변동시키는 소비측면이 더 중요하다는 것이다. 이렇게 보면 은퇴자의 저축률 증가는 오히려 주가와 부동산 가격에 다음처럼 더 부정적으로 작용하게 될 것이다.

은퇴자 저축률 ↑ ⇒ 소비 ↓ ⇒ 경기 ↓ ⇒ 주가↓, 부동산 가격
↓ ⇒ 주식·부동산 매도(선제 및 방어)↑ ⇒ 자산시장 붕괴

  이들 보고서는 국내총생산(GDP)의 50% 수준을 소비가 차지하고 있고 이 소비가 기업의 실적과 직결됨을 간과하고 있다. 그래서 기업의 생산과 가계의 소비로 압축되는 경제순환 구조가 어떻게 변동될 것이며 그 변동이 기업의 실적과 개인의 소득을 통해 자산가격에 어떤 영향을 끼칠 것인지에 대한 분석을 빠뜨리고 있는 것이다.

  설명을 보충하자면 베이비 붐 세대가 은퇴하게 되면 소비성향이 낮은 노인 인구가 급증하고 소비성향이 높은 젊은 인구는 급감하기 때문에 경제 전체적으로 소비 규모가 감소하게 된다. 이는 GDP를 떨어뜨리면서 자동적으로 경제성장률을 저하시키고 경기를 후퇴시키게 된다. 소비 감소가 경기를 둔화시키면서 기업은 미리 투자를 감축하기 시작할 것이며 일자리가 줄고 기업 실적이 악화되어 주가가 하락하게 될 것이다. 이때쯤에 주가는 선제적 매도와 방어적 매도가 줄을 잇게 될 것이다. 부동산도 이와 유사한 과정을 뒤따르게 된다. 부동산은 주식보다 유동성이 낮은 관계로 조금 동작이 느릴 뿐이다.

  베이비 붐 세대가 자산을 매각하지 않아도 기관과 외국인, 젊은 세대가 자산을 매각할 것이고 이렇게 되면 베이비 붐 세대도 자산을 매각할 수밖에 없다. 고령화에 따른 자산가격의 변화는 '저축-자산수급'을 통해서가 아니라 '소비-실물경기'를 통해서 분석되어야 할 것이다.

일본의
베이비부머와 주가 상승

인구는 기업 상품의 시장으로서 주가와 관계가 깊다. 식당이나 점포를 차릴 때 유동인구가 많은 곳에 목을 잡아야 되듯이 기업의 상품은 결국 소비자가 팔아 줘야 하기 때문에 인구구조의 추이를 관찰하는 것은 주가를 예측하기 위해 필수요건이라고 할 수 있다. 이 인구구조와 주가의 관계를 확인케 해 주는 대표적인 사례가 일본이다.

일본은 1940년대에 출생한 세대가 1980년대에 40대가 되면서 경제성장의 주역을 맡는 것과 함께 강력한 소비의 주체로 자리 잡아 일본 주가를 상승시키는 요인이 되었다. 다음 〈그림 5-1〉을 보면 1947~1949년의 태생의 소위 '단카이 세대'라고 불리는 일본의 베이비 붐 세대가 당시 50대 및 30대 이하 연령층

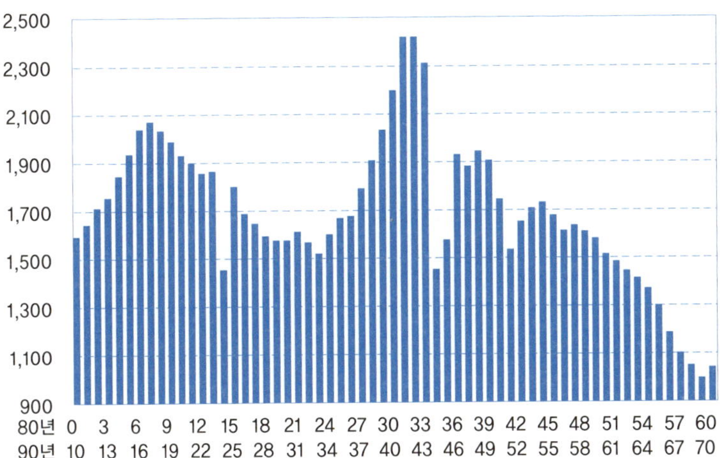

에 비해 절대적으로 인구가 많다.

그러니까 1980년대 내내 일본은 40대 연령층이 증가하면서 강력한 소비 주체로 작용함으로써 내수를 확대시켜 일본 주가를 끌어 올린 것이다. 그런 다음 당시의 30~35세 사이의 인구가 40~45세 되는 1990년에 일본 주가는 폭락 사태를 맞게 된다. 그래프에서 보듯이 이후 일본의 40세 전후 연령층은 급격히 감소하였다.

〈그림 5-1〉에서 보듯이 전체 40대 인구는 1996년에 2,100만 명 수준으로 정점에 이르지만 40세 전후의 인구는 1990년이 정점을 이루고 있다. 이후 40대 연령층이 계속 감소하여 2002년에 최저치에 이를 때까지 일본 경제는 불황에 빠지게 돼 이른

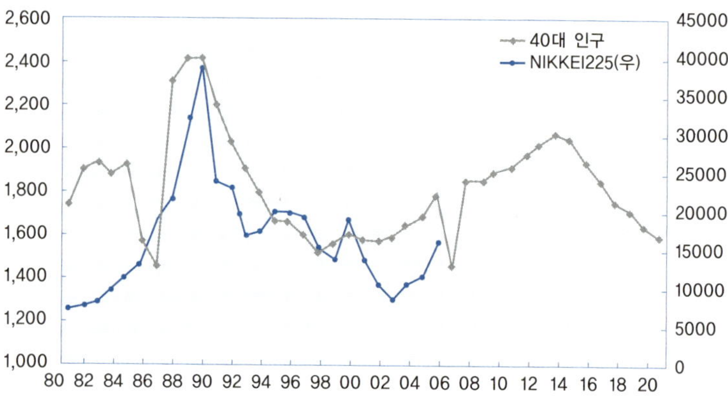

바 '잃어버린 10년'을 맞게 된다.

그러나 이 2002년을 바닥으로 일본의 40세 전후 연령층은 1980년대보다는 못하지만 다시 증가하기 시작한다. 그런데 이 현상과 맞물려 일본 실물경기도 2002년을 저점으로 회복되기 시작했고 2006년 초에 불황 탈출을 선언했다. 동시에 일본 주가도 2003년을 저점으로 이후 계속 상승하여 2005년 하반기 16,000선을 회복한 상태다.

앞의 〈표 4-1〉에서 확인 바대로 일본경제의 무역의존도가 21% 수준에 불과한 점으로 볼 때 일본 주가는 이러한 내수 회복에 힘입어 미국경제의 변동에 큰 영향을 받지 않고 2015년까지 상승할 것으로 점칠 수 있다.

일본의 예를 들어 인구구조와 주가의 메커니즘을 정리하면 다음과 같을 것이다.

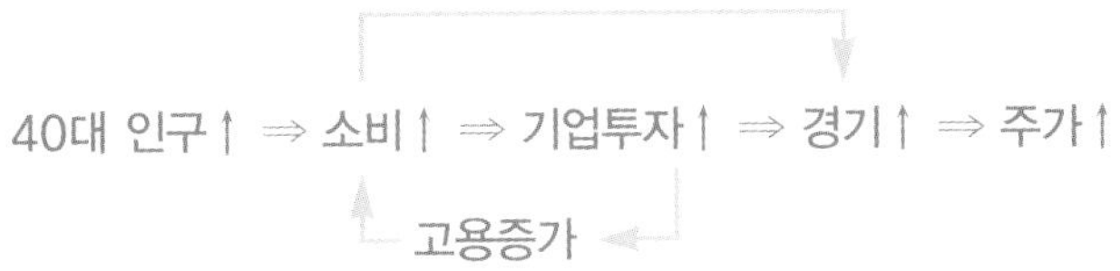

40대 인구↑ ⇒ 소비↑ ⇒ 기업투자↑ ⇒ 경기↑ ⇒ 주가↑
고용증가

이과 같이 인구구조의 변화는 경제에 지대한 영향을 초래하고 결과적으로 주가에도 결정적 영향을 주게 됨을 알 수 있다.

03 왜 40대 인구가 중요한가?

40대 인구는 소득·소비·금융자산 규모 3 가지 면에서 모두 전 연령층 가운데 가장 큰 비중을 차지한다. 뿐만 아니라 40대 는 투자성향에서도 타 세대보다 가장 공격적인 성향을 보이는 세대다.

경제적 안정과 자녀의 성장으로 교육비를 포함하여 생애 주기 상 가장 높은 소비를 하고, 결혼 후 저축해 온 자산의 축적으로 여유자산도 풍부하며 왕성한 사회 활동으로 소득 수준도 가장 높을 때이다.

소비성향과 가계수지

다음의 〈그림 5-3〉은 2004년 기준으로 우리나라 가구의 세

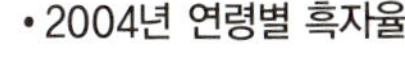

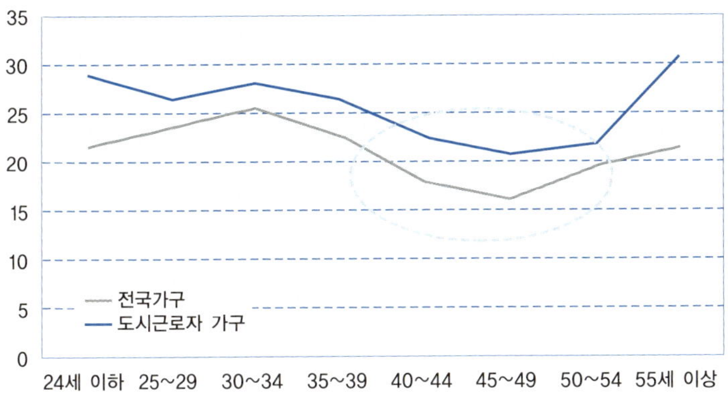

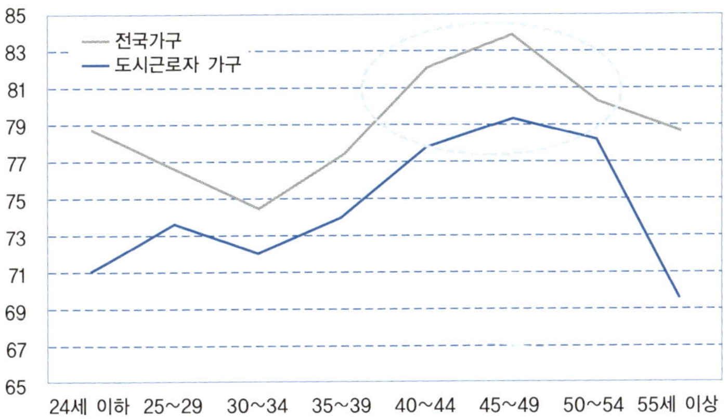

〈자료 : 통계청〉

대주 연령별 흑자율과 평균소비성향을 나타내 주고 있다. 전체 가구와 도시근로자 가구 모두 40대 가구가 흑자율은 가장 낮고 소비성향이 가장 높게 표시되어 있다.

40대 가구는 생애 주기상 가정이 성숙, 안정 단계에 속한다. 그리고 소득도 가장 높은 시기이다. 그러나 자녀들이 대부분 취학 중이어서 가장 높은 교육비를 지출하는 세대이다.

그리고 금융자산도 20~30대보다 많이 보유하고 있다. 또한 금융자산 규모가 50대보다는 작지만 은퇴까지 시간 여유가 있기 때문에 소비성향이 높다. 따라서 40대는 어느 나라에서나 가장 왕성한 소비 집단을 형성하여 경기에도 주도적 역할을 하고 이는 결과적으로 주가에 귀착된다.

금융자산보유규모와 투자성향

다음의 〈표 5-1〉을 보면 연령대가 높아질수록 총금융자산 규모가 높아진다. 이는 경제활동과 관련해서 너무나 당연한 현상이다. 이렇게 늘어나는 금융자산은 55~59세를 정점으로 60대 이상으로 가면 감소 추세를 보이는데 이는 소득이 감소하면서 보유중인 금융자산으로 생계를 유지하기 때문이다.

이 자료에서 우리가 알 수 있는 것은 50대까지 개인은 소득 중 일부를 꾸준히 저축함으로써 금융자산 보유 규모를 늘려 간다는 것이다. 여기에 더하여 다음 〈표 5-2〉에서 알 수 있듯이 40대는 20~30대보다 주식보유 비중이 더 높은 편이다. 이것은 곧 투자성향과도 연관이 있는 바, 40대가 20~30대보다 더 공격적이라는 증거가 될 수 있다. 20대같은 경우 나이가 젊기 때

〈표 5-1〉 연령대별 금융자산 평균 보유액

(단위: 천원)

연령대	총금융자산	예·적금	목동 예탁	주식	채권	개인연금
19세 이하	710	615	0	0	0	42
20~24	5,041	4,334	72	89	0	156
25~29	11,812	9,219	262	719	7	735
30~34	15,537	10,788	276	1,268	14	1,445
35~39	19,337	12,726	319	2,010	149	1,849
40~44	24,664	16,508	796	2,693	156	2,006
45~49	25,871	18,841	511	2,322	92	1,794
50~54	26,723	19,289	1,188	2,108	115	1,446
55~59	29,235	21,045	1,521	1,776	79	1,578
60~64	27,156	21,555	815	1,259	94	1,025
65~69	21,233	17,097	793	486	0	1,319
70~74	10,034	9,005	243	140	0	9
75세 이상	12,839	9,286	702	61	2,175	20
전 연령	21,300	15,276	648	1,692	150	1,447

〈자료 : 한국금융연구원〉

문에 가장 공격적일 것 같으나 실제로는 그렇지 않은데 그 원인 분석은 〈표 5-3〉과 〈그림 5-4〉에서 설명되어 있다.

한편 주가와 관련해서 우리가 확인하여야 할 사항은 어느 연령층이 보유 금융자산 중 주식 보유비중이 가장 높은가 하는 점이다. 다음 〈표5-2〉를 보면 40~44세 연령층이 총 금융자산 대비 주식 보유 비중과 주식을 보유한 가계의 비중이 제일 높다.

그리고 앞에서 설명한 내용을 참고하면서 다음 〈표 5-3〉의 내용을 요약하여 연령별 투자성향을 도출해 보면 다음 〈그림 5-4〉와 같이 그릴 수 있다. 연령별 투자성향 그래프가 우하향 사선이 아니라 '역 U-Curve'로 그려진다. 나이가 20대에서

연령대	평균보유액 (천원)	총금융자산대비 보유비중(%)		보유가계비중[3] (%)	주식보유 가계의 총금융자산 대비 보유 비중[4](%)	
		단순평균[1]	가중평균[2]		단순평균[1]	가중평균[2]
19세 이하	0	0.0	0.0	0.0	NA	NA
20~24	89	1.0	1.8	2.1	39.3	23.3
25~29	719	3.2	6.1	8.3	36.0	33.8
30~34	1,268	3.9	8.2	11.1	33.5	32.7
35~39	2,010	5.1	10.4	13.2	36.2	32.6
40~44	2,693	5.3	10.9	14.6	34.2	31.8
45~49	2,322	4.5	9.0	12.5	33.5	27.2
50~54	2,108	3.3	7.9	8.9	34.7	30.8
55~59	1,776	2.7	6.1	9.6	25.8	21.5
60~64	1,259	1.9	4.6	6.6	27.0	19.3
65~69	486	1.6	2.3	4.7	30.0	19.4
70~74	140	1.1	1.4	3.5	26.5	12.5
75세 이상	61	0.7	0.5	2.0	29.3	8.4
전 연령	1,692	3.7	7.9	10.3	33.5	28.6

〈자료 : 금융연구원〉

주: 1) 개별 가계 총금융자산 중 각 금융자산이 차지하는 비중의 전체 표본 평균
    2) 가계 총금융자산의 전체 표본 합계 대비 각 금융자산별 전체 표본 합계의 비중
    3) 각 연령대별 표본 중 주식을 보유하고 있는 가계의 비중
    4) 주식을 보유하고 있는 가계만을 표본으로 하였을 경우의 주식보유 비중

30대를 지나 40대에 이르면 가장 공격적 투자성향을 보이다가 50대 이상으로 가면 다시 보수적 성향을 보이게 된다. 여기서 50대 이상이 보수적 성향을 보이는 것은 자연스럽게 이해할 수 있지만 20대와 30대가 보수적 성향을 보이는 것은 언뜻 이해가 되지 않는 부분이다.

그러나 리서치 결과를 분석해 본 결과 다음과 같은 결론을 얻게 되었다. 즉 투자성향은 금융거래 경험과 지식 및 보유자산

(단위: 천원)

구분	전체	~ 19	20~24	25~29	30~34	35~39	40 ~
평균(점수)	53,904	52,488	50,886	53,025	54,795	56,330	55,011
매우공격적	5.7	1.5	4.8	4.9	6.4	8.6	6.0
공격적	25.7	26.9	17.6	23.4	25.7	30.9	36.9
중간성향	34.2	31.3	30.4	33.0	39.0	34.0	28.6
안정적	30.2	34.3	40.0	35.1	25.7	25.3	19.0
소극적	4.1	6.0	7.2	3.5	3.2	1.2	9.5
계(사례)	100.0(1151)	100.0(67)	100.0(125)	100.0(367)	100.0(346)	100.0(162)	100.0(84)

투자성향점수의 평균이 30대 초반은 54.795이며, 30대 후반은 56.330, 40대 이상은
55.011로 나타나 20대에 비해서 다소 공격적인 투자 성향을 보임

〈그림 5-4〉 연령별 투자성향 그래프

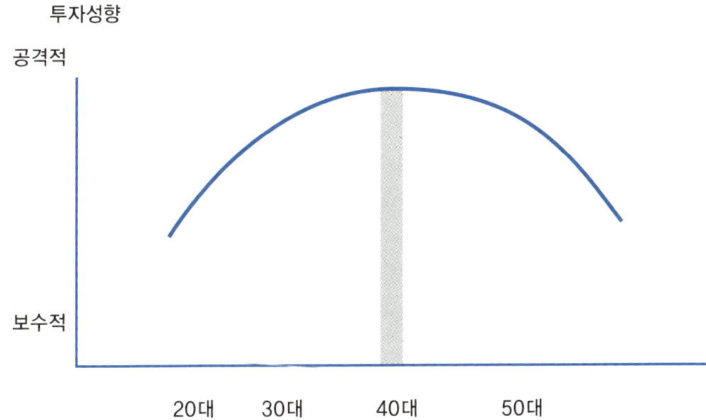

규모 등에 영향을 받는다는 결론이 나오는 것이다.

◎ 리서치 결과 분석 :

• 금융거래 경험 : 20대 < 30대 <40대< 50대

- 금융지식 : 20대< 30대< 40대< 50대

- 보유 자산 규모 : 20대 <30대< 40대 <50대

- 은퇴까지 기간 : 20대 >30대> 40대> 50대

20~30대 초반의 젊은 세대가 의외로 가장 보수적인 성향을 보인 이유는 금융거래 경험과 지식이 부족하여 위험관리 능력이 부족하기 때문인 것으로 분석되었다. 여기에 보유자산 규모도 빈약한 이들 세대는 고위험 자산의 투자를 꺼릴 수밖에 없다. 이들에 비해 금융거래 경험과 지식도 풍부하고 보유 자산도 상대적으로 많은 30대 후반에서 40대는 공격적인 성향을 보인다.

50대는 금융거래 경험과 지식도 풍부하고 보유자산 규모도 가장 크지만 이미 은퇴했거나 은퇴를 목전에 두고 있기 때문에 보수적 성향을 보이는 것으로 분석되었다.

이 조사 결과에 따르면 투자성향은 선천적인 요인이 작용할 수도 있지만 그보다는 후천적인 요인인 금융지식 수준과 보유 자산규모 등이 더 크게 작용한다고 볼 수 있다. 이런 요인이 작용한 결과 40대가 보유 자산 중 주식비중이 높게 나타난다고 분석된다.

주가는 40대 인구가 결정

따라서 전체 인구 중 이 40대의 비중에 따라서 주가가 크게

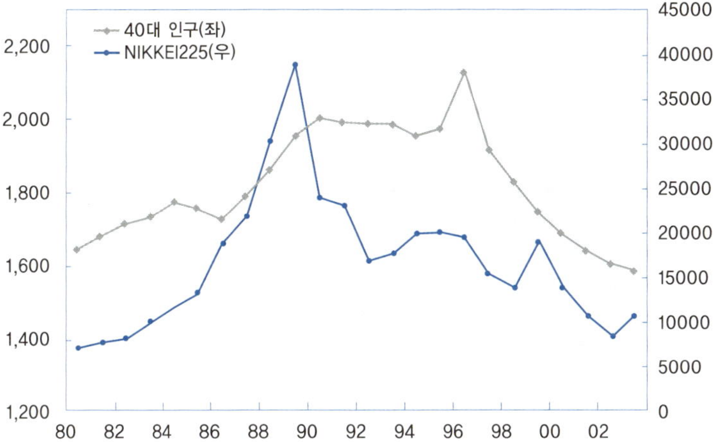

영향을 받게 마련인데 가장 대표적인 사례가 일본이다. '80년대 말 일본 주가와 부동산 가격의 거품 발생 및 폭락에 대해 여러 가지 해석이 많이 있지만 가장 근본적인 원인은 고령화 현상이다. 이를테면 일본 자산가격에 거품과 폭락을 일으킨 주범(?)은 '단카이 세대' 라고 할 수 있을 것이다.

〈그림 5-5〉는 1947~49년에 집중적으로 태어난 '단카이 세대' 중심의 베이비 붐 세대가 40대일 때 주가가 폭등했고 이들이 40대에서 50대로 넘어가는 시기에 주가가 폭락했음을 보여준다.

전무후무한
베이비 붐 랠리

Baby Boome

1. 주가, 2009년까지 상승가능
2. 내수와 수출의 대합창
3. 저성장 추세와 주가 상승
4. 외환위기 이후 더 강해진 기업체질
5. 인구구조로 보는 한국 주가 예측

01 주가, 2009년까지 상승가능

경기 변동과 주가

실물경제와 주가는 상호간에 영향을 주고받지만 앞에서 설명한 바와 같이 주가에 대한 실물경제의 영향이 더 크고 중요하다. 그것은 주식이라는 증권이 생산과 공급을 담당하는 '기업'이라는 경제조직이 발행하는 것이고 주식의 가격은 발행 기업의 가치를 반영하는 것이기 때문이다.

즉 주가와 주가지수는 기업과 실물경제가 거울 속에 맺힌 상(像)이라고 할 수 있는 것이다. 실체에 해당하는 기업과 실물경제를 비추는 거울은 주식투자자의 '심리'이다. 이 심리가 왜곡되면 주가가 왜곡되게 된다. 이 심리가 휘어지는 방향과 정도에 따라 주가가 실제 기업의 가치보다 과대평가되거나 과소평가되는 것이다.

그러나 거울 속의 상은 실체를 따라가기 때문에 과대평가 또는 과소평가된 주가는 결국 실제 기업가치로 회귀하고 주가지수도 실물경제를 반영하는 수준으로 돌아가게 된다.

그렇다면 과연 경기변동과 주가의 움직임이 일치해 왔고 앞으로도 일치할 것인가? 이에 대한 필자의 답은 "예, 그렇습니다."이다.

물론 100% 일치하는 것은 아니지만 꽤 높은 확률을 보이고 있기 때문에, 역설적으로 우리가 주가나 주가지수보다 경제 즉 펀더멘털을 기준으로 주식투자를 한다면 성공 확률이 높다고 말할 수 있다.

국내 경기주기상 2009년까지 주가상승 가능

경기와 주가가 높은 상관관계를 가지고 움직이고 있기 때문에 우리는 주식 투자 시 투자전략의 기준을 변동성이 큰 주가나 주가지수보다 경기선행지수로 하는 것이 바람직하다.

우리나라에서는 통계청(구 : 경제기획원 조사통계국)이 1981년 3월에 경기종합지수(Composite Index)를 편제한 이래 1970년대 이후의 기간을 대상으로 관련 전문가의 의견을 들어 기준 순환일을 공식적으로 결정, 발표해 오고 있는데 2005년까지 2002년 12월을 최종 경기 정점으로 결정한 상태다.

〈표 6-1〉 한국의 기준순환일

순환	경기전환점			순환기간(월)		
	저점	정점	저점	확장	수축	주기
제1순환	72.3월	74.2월	75.6월	23	16	39
제2순환	75.6월	79.2월	80.9월	44	19	63
제3순환	80.9월	84.2월	85.9월	41	19	60
제4순환	85.9월	88.1월	89.7월	28	18	46
제5순환	89.7월	92.1월	93.1월	30	12	42
제6순환	93.1월	96.3월	98.8월	38	29	67
제7순환	98.8월	00.8월	01.7월	24	11	35
제8순환	01.7월	02.12월	05.4월(?)	17	?	?
제9순환	05.4월(?)	?	?			
평균				31	18	51

〈자료 : 통계청〉

주: 제 8순환의 저점은 아직 확정 발표되지 않았으며 제 9순환기는 2005년 11월까지의
동행지수순환변동치를 근거로 한 추정치. 평균 순환기간은 1~7순환 주기의 평균치임.

주가와 경기선행지수의 상관관계 그리고 한국 기준순환일을 근거로 향후 한국 주가의 추세에 대해 일단 유치한 예측을 해 본다면, 앞으로 한국 주가는 아직도 3년 정도 상승할 것이란 예측이 가능하다.

경기 확장기에 기업의 실적을 바탕으로 주가가 오르는 현상을 보이는데, 이제 제 8 순환기의 저점을 통과하여 제 9순환기의 회복기에 들어섰다면 평균 기준순환일을 그야말로 도식적으로 대입시켜 볼 때 평균 확장기간인 31개월간의 주가 상승 기간이 남아 있는 것이다. 여기에는 그렇다면 "과연 지금이 새로운 회복기에 들어섰는가?"가 검증의 대상이 될 것이다. 다음 절에서

이 문제에 대해 검증을 해 보기로 한다.

그리고 2000년 8월의 제 7순환기 정점 이후에 두 차례의 작은 주기가 있었는데 이것을 경기주기와 향후 주가 전망에서 어떻게 볼 것인지가 문제이다.

우선 2006년 2월에 경기종합지수 개편 발표와 함께 새로운 기준순환일을 잠정 설정하여 발표하였는바 제 8순환기의 시작 저점을 2001년 7월로 정점은 2002년 12월로 설정하였다. 두 번째 정점을 어떻게 볼 것이냐의 문제가 있는데 현재까지의 통계청 발표 내용을 따른다면 동행지수가 상승하기 시작한 2005년 4월까지 우리 한국 경기는 무려 32개월 동안 하강을 계속해 왔다고 해야 할 것이다.

경기 주기에 대한 통계가 기록된 이후 평균적으로 확장국면이 수축국면보다 두 배 가까이 길었던 점을 감안하면 앞으로 확장국면이 3년을 초과할 가능성도 배제할 수 없다. 이렇게만 된다면 우리에겐 더할 나위 없이 좋은 일일 것이다.

이렇게 추론을 해 본다면 앞으로 한국 주가는 선행지수를 기준으로 볼 때 2008년까지 오를 확률이 매우 크고 2009년까지 오를 가능성도 어느 정도 있는 셈이다. 그리고 2010년은 크게 경계해야 할 시기이다. 경우에 따라서는 이때까지도 주가가 상승할 수도 있고 아니면 이때부터 하락을 시작할 수도 있다.

02

내수와 수출의 대합창

다음 〈그림 6-1〉은 동행지수순환변동치가 2002년 12월 이후 전반적으로 하강 추세임을 보여 주고 있다. 2004년 3월의 작은 정점을 별도의 경기 순환기의 정점으로 볼 것이냐의 문제가 있지만 통계청의 발표 내용을 따르자면 이후 계속 경기가 하강하면서 2004년 말까지 선행지수전년동월비와 동행지수순환변동치가 동반 하락해 왔다.

그러나 2005년 초부터 두 지표는 상승 쪽으로 추세를 전환함으로써 동반 상승 모습을 보이기 시작했다. 선행지수 전년동월비는 2005년 1월에, 동행지수순환변동치는 2005년 4월에 멈추고 다음달부터 상승하고 있는 중이다. 이것이 다음 〈그림 6-2〉에 잘 나타나 있다. 경기종합지수간의 관계에서 선행지수가 동

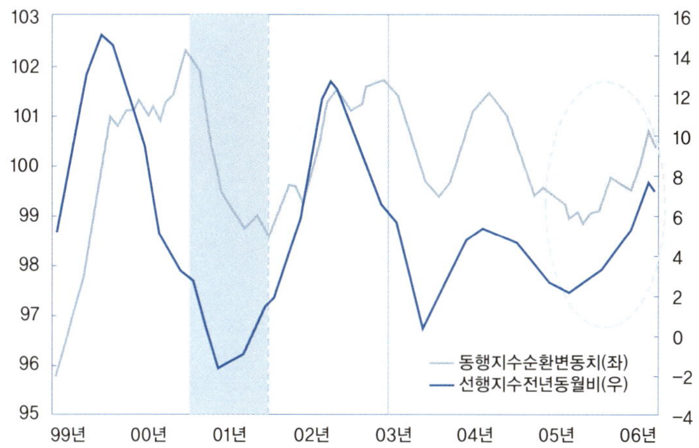

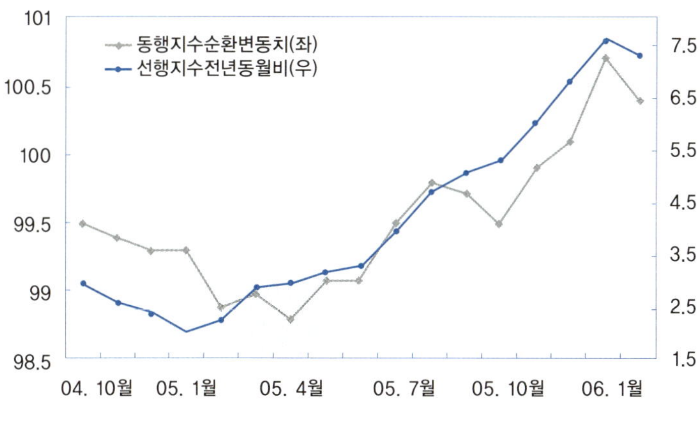

〈자료 : 통계청〉

행지수를 3~10개월 앞서 간다는 점에서 보면 2005년의 경우 동행지수의 추세 전환은 정확하게 4개월이 적용된 셈이다. 이 동행지수가 상승세로 추세 전환을 함으로써 경기가 본격적으로

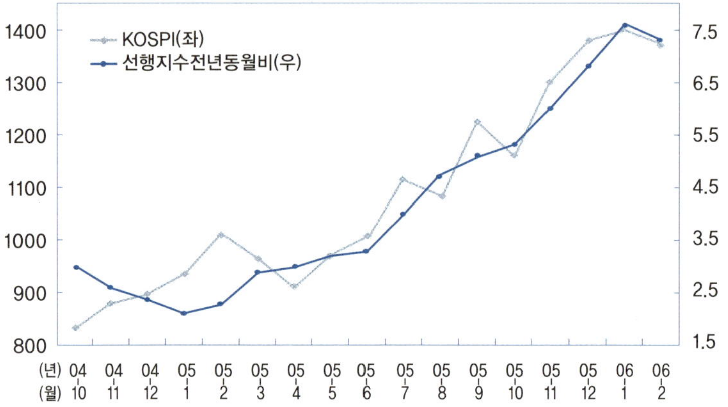

〈자료 : 통계청, 증권선물거래소〉

확장국면에 들어서고 있음을 선언한 셈이다.

실물경기지표는 그 특성상 미세한 변동은 있을지라도 국면 전환점을 경과하여 5~6개월을 지속해 방향이 잡히면 2~3년간 계속된다는 점을 고려할 때, 선행지수는 이미 10개월 이상을 상승했기 때문에 최소한 2년 이상의 상승세를 점쳐 볼 수 있다. 그리고 동행지수도 마찬가지가 될 것이다. 이 같은 추론으로 볼 때 앞으로 주가는 2~3년간의 상승이 가능하고 여기에 침체 기간이 길었던 점 등을 감안하면 3~4년의 강세장 예상이 가능하다.

그러나 낙타 등이 마음에 걸린다.

그런데 여기서 문제는 앞으로 경기가 제 7순환기와 제 8순환기처럼 경기 확장이 24개월이나 17개월로 끝나면 주가도 상승

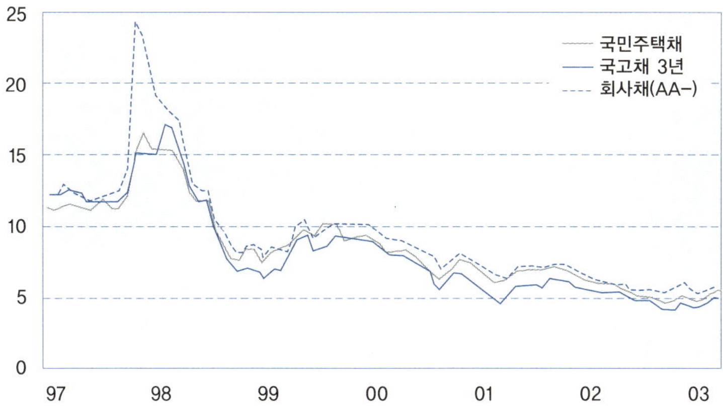

〈자료 : 한국은행〉

기간이 단명할 것 아닌가 하는 것이다.

2005년 1월 이후의 선행지수 상승이 향후 한국 주가의 3년 이상 랠리를 담보하기 위해서는 2001~2002년 및 2003년의 경기 상승과 차별성을 증명해 보이지 않으면 안 될 것이다. 그렇다면 그때와 다른 점은 무엇인가? 이것이 향후 주가 상승 기간과 주식 투자 성공의 관건이다.

단명으로 끝난 두 번의 경기회복 시도

제 8순환기의 확장국면이 단명으로 그친 이유는 외환위기를 극복하는 과정에서 잉태되었다. 당시 김대중 정부는 외환위기를 극복하는 과정에서 기업의 경쟁력 제고를 위해 급속도의 금리 인하 정책을 추진한다. 실제로 1998년 초 20%를 넘던 회사채 수익률은 1998년 말 8% 수준으로 떨어졌다가 2000년 초에는 10% 수준으로 약간 올랐으나 2001년 말 7% 수준 그리고 2002년 말에는 5.8%로 떨어져 그야말로 국내 금리는 수직 추락했다고 표현할 정도로 하락에 하락을 거듭했다.

급격히 하락하는 금리 때문에 투자자는 은행 예금을 인출하여 주식과 부동산 매입에 나서게 된다. 여기에 증시 부양책과 벤처기업 육성 정책으로 1998년 하반기부터 주가가 급상승하기 시작해 1999년 말까지 주가는 300 포인트 밑에서 1,059 포인트까지 급등하였다.

그러나 기업들은 초저금리 시대가 전개되고 있는데도 투자를 늘리지 않고 부채를 갚는 데 열중한다. 왜냐하면 외환위기 초기에 빚이 얼마나 무서운 것인지 뼈저리게 체험했기 때문이다. 싼 이자에 맛이 들어 외화자금을 차입해서 시설투자를 했던 기업들은 환율상승으로 추풍낙엽처럼 나가 떨어졌고 원화자금을 차입했던 기업들도 상상을 초월하는 고금리로 벌써 1998년을 넘기지 못하고 많은 수가 사망신고를 하게 되었다.

이런 과정을 겪은 우리나라 기업들은 외환위기 이전에 비해 은행대출에 대한 태도를 180도로 바꾸었다. 금고에 돈이 넘쳐도 정말 확실한 사업이 아니면 투자를 하지 않게 되었고 새로운 투자보다 은행 대출과 빚을 갚는 것을 더 급선무로 삼았다. 여기에 더하여 은행들도 워크아웃(Work-Out) 등 구조조정이 진

행되던 당시 불투명한 기업의 신용도 때문에 기업대출을 기피
하게 됐다.

이렇게 되다 보니 기업의 투자에 의한 경제성장은 기대하기
어려워졌고 김대중 정부는 소비 촉진을 위한 경제성장을 추진
하게 되었는 바, 그 도구로 신용카드를 선택하고 정부는 세원
파악과 경기부양을 위해 소득공제 혜택과 복권 추첨 등 당근을
제공하며 신용카드 사용을 부추겼다. 소비자인 국민들은 "우선
빼 먹기는 곶감이 달다."는 속담처럼 너도 나도 카드 만들어 돈
쓰는 재미에 푹 빠지게 된다.

당시를 기억해 보면 길거리에 신용카드 노점이 수도 없이 늘
어섰고 지하철역에도 사은품을 늘어놓고 신용카드 만들라는 호
객행위가 도처에서 벌어졌다. 정말 '신용카드 만들기 국민운동'
이 벌어졌다고 표현해야 할 정도였으니 말이다.

여기에 금리가 떨어질 대로 떨어지는 데다 기업들이 투자를 하
지 않고 대출을 갚기만 하니 은행들도 비상이 걸렸다. 외환위기
전에는 생각도 하지 못했던 대출 세일을 해야 하는 상황이 된 것
이다. 예금자 앞에서 고객 숙이고 대출 고객 앞에서 목에 힘주던
은행이 이제는 반대 방향으로 고개를 숙이는 기현상이 벌어졌다.

아파트마다 담보대출 안내 전단이 난무할 정도로 살포됐고 소
비자들도 싼 이자 맛에 취해 대출을 받아 주식도 사고 부동산
투자도 했다. 그리고 소비도 많이 하고 기분을 냈다. 말하자면

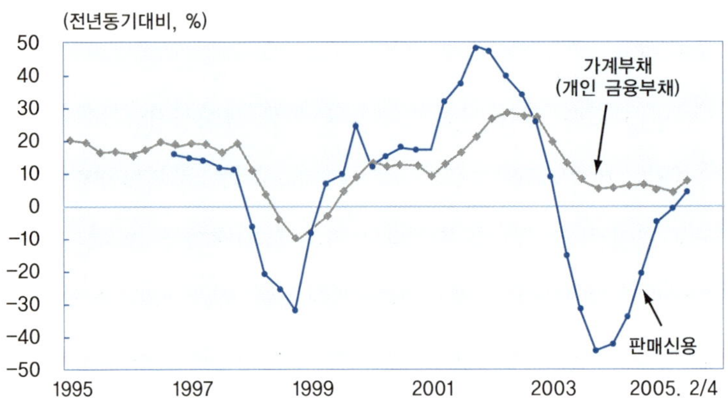

〈자료 : 한국은행〉

빚내서 잔치를 벌인 것이다. 이것이 앞의 〈그림 6-5〉에 잘 나타나 있다.

경제학적으로 경제성장 즉 국내총생산은 소비가 가장 큰 변수로 잡히기 때문에 이 덕에 1998년에서 2000년까지 경제는 급성장해서 IMF를 영광스럽게(?) 졸업하게 된다. 그런데 문제가 발생했다. 미국 경제가 삐걱거리기 시작한 것이다. 전부터 경고음이 조금씩 나오기 시작하더니 2000년 들어서 미국 주가가 크게 떨어졌고 2001년부터 미국 경제가 가라앉기 시작했다. 뒤따라서 한국 주가도 하락하게 되고 국내 경기도 다시 하강을 맞게 된다.

이때에 정부는 미국 경기 침체로 인한 수출 부진을 내수 진작으로 만회하고자 신용카드 발급 확대를 계속 용인하면서 신용카드 발급 매수와 카드 사용액이 2002년 중반까지 급증했다.

빚으로 흥한 사람 빚으로 망하는 법

빚으로 흥한 사람은 반드시 빚으로 망하는 법. 이번에는 가계 즉 개인들이 빚에 녹아 나기 시작했다. 외환위기 전에는 기업들이 외형을 늘리기 위해서라면 자본금이든 빚이든 가리지 않았다가 고금리에 나가 떨어졌는데 2002년부터는 일반 개인들이 소비자금으로 얻어 썼던 빚잔치를 벌이기 시작한 것이다.

경기가 위축되자 가계가 수입으로 이자와 원금을 갚아나가지 못하게 되면서 수많은 신용불량자가 양산되고 금융기관들은 연체가 늘어났다. 〈그림 6-6〉을 보면 2001~2002년의 가계부채 급증 직후 2003년에 전년 대비 신용불량자가 110만 명가량이나 늘어났다.

신용카드사는 과거에 무차별적으로 모집했던 회원들이 물품을 구매하고 나서 대금을 갚지 못하게 되자 연체가 기하급수적으로 늘어나 급기야는 모 신용카드사는 부도사태까지 맞게 되었고 대부분의 신용카드사들이 경영 위기에 봉착하게 되었다. 신용카드사들은 현금서비스도 방만하게 풀었기 때문에 이것이 부실채권의 큰 몫을 차지했을 것이다.

조금 장황하게 설명한 감이 없지는 않지만 결론은 빚으로 유지하는 가계나 나라 경제는 오래 가지 못한다는 것을 상기하자는 취지이다. 이렇게 쌓인 빚은 2004년까지 우리 국민들을 고통 속에 몰아넣었다. 파산 상태까지 내 몰린 많은 서민들이 극

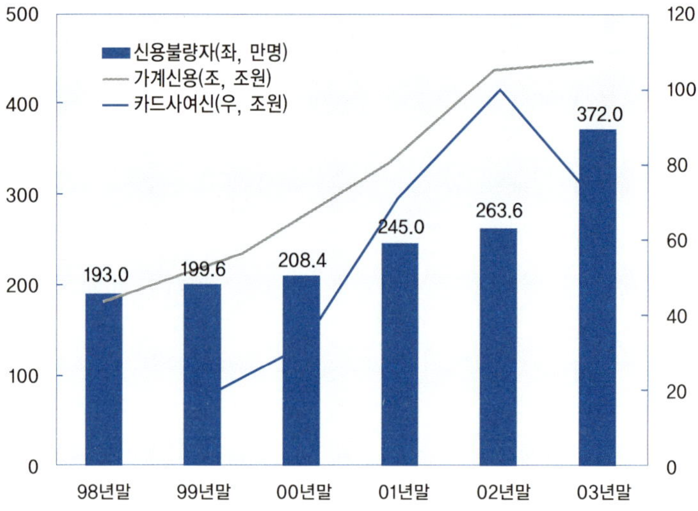

〈자료 : 재경부〉

한적인 선택을 하기도 했고 이 때문에 경찰은 한강 다리마다 경찰을 배치해 순찰을 강화하기까지 했다. 물론 판단력 없이 부채를 끌어다 쓴 본인들의 책임이 더 크겠지만 이런 현상을 조장했다는 면에서 정부도 책임이 있는 것이다.

부실의 늪에서 성장가도로

부채증가에 의존한 소비증가가 2001년에는 내수 부양으로 작용했지만 2003년에는 경기 회복의 발목을 잡는 요인이 되었다. 2001년의 경제는 부채를 이용한 내수 부양으로 성장할 수 있었지만 수출이 뒷받침되지 못해 지속되지 못했고 2003년엔 수출 호조로 경제가 잠시 성장세를 보였지만 이번엔 과다한 부채로 인한 가계부실로 내수가 침체되면서 실패로 끝나고 말았다.

앞의 〈그림 6-6〉과 다음의 〈그림 6-7〉을 같이 참고해 보면, 1999년 이후 꾸준히 늘던 신용카드 사용액과 가계부채 규모가 〈그림 6-7〉의 왼 쪽 박스 부분에 해당하는 시기인 2001~2002년 상반기에 급증했다. 결국 부채에 의존해 부양되던 경기는 수출이 뒷받침 되지 못해 단명으로 그치면서 제 8순환기의 확장국면이 17개월로 기록된 것이다.

이번엔 반대로 〈그림 6-7〉의 오른 쪽 박스 시기인 2003년에 미국을 비롯한 세계경제가 회복되면서 수출이 증가했지만 더 이상 부채를 조달할 수 없는 가계가 부실상태에 빠지면서 내수가 크게 위축되고 결국 다시 회복세에 오르지 못하고 말았다.

그러나 2004년까지 긴 터널을 뚫고 가계부채 문제가 정리 단계에 접어들면서 신용불량자와 금융기관 연체율이 서서히 줄어들기 시작했다. 바로 이것이 앞에서 언급한 두 차례의 회복 실패와 다른 점이다. 앞의 두 〈그림 6-5〉와 〈그림 6-7〉에서 오른 쪽 끝 부분인 2005년 시기를 보면 가계부채는 아주 서서히, 그러나 신용카드 사용액은 빠르게 늘고 있고 특히 주목해야 할 점은 수출과 내수가 같이 증가하고 있는 것이다.

신용카드 사용액과 소비가 증가하는 것은 다음 〈표 6-2〉처럼 금융권 연체율 감소와 함께 향후 경기 전망에 청신호로 작용할

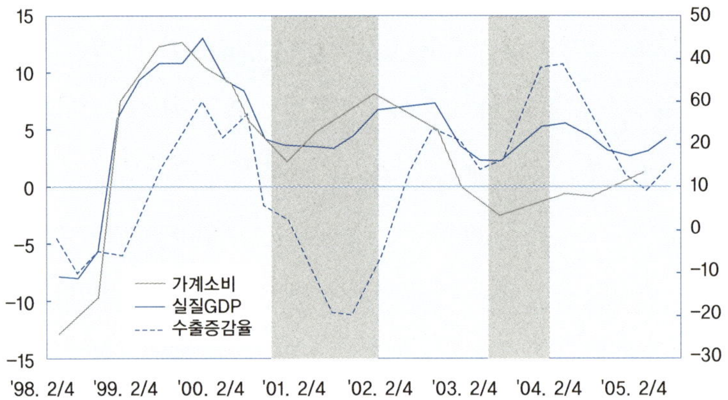

〈자료 : 통계청, 한국은행〉

것이다. 이는 가계가 금융부실에서 벗어나면서 소비 여력을 회복하고 있음을 보여 준다.

은행 가계대출의 경우 2003년과 2004년에 2.2%에 달하던 연체율이 2005년 들어 1.9%로 떨어지고 다시 1.7%로 떨어졌다. 소비에 가장 민감한 영향을 주는 신용카드 연체율은 2003년 6월에 은행 겸영사가 12.0%를 연말에는 전업사가 14.1%를 기록했다가 2005년 9월에는 각각 2.7%와 7.3% 수준까지 하락했다.

이상의 내용과 함께 2005년 경기 지표를 보면 가장 강력한 회복세를 보이는 것이 소비관련 지표들이다. 2005년 경기는 단연 소비회복 중심의 경제라고 할 수가 있다. 소비가 살아나고 있는데다 수출이 사상 최고치를 갱신하는 등 쾌조를 보이고 있

〈표 6-2〉 금융권 연체율 추이

은행 가계대출 연체율 추이

	2002	2003	2004	2005.1/4	2/4	3/4
은행 가계대출연체율[1](%)	1.7	2.2	2.2	1.9	1.9	1.7

주) 1) 분기말월을 제외한 월별 연체율의 평균

신용카드사 연체율 추이(월말기준, %)

	01.12월	02.6월	12월	03.6월	12월	04.6월	12월	05.6월	9월
은행겸영[1]	4.1	5.3	8.4	12.0	7.8	8.0	4.1	3.0	2.7
전업사[2]	2.5	3.8	6.6	9.5	14.1	10.8	9.0	7.6	7.3

주) 1) 30일 이상 연체 기준, B/S 기준
　　2) 30일 이상 연체 기준, 관리자산 기준

〈자료 : 한국은행〉

어 2006년 이후엔 기업의 설비투자와 타 부분의 지표가 확대되면서 경기가 회복세에 탄력을 받을 것이다.

다음 〈그림 6-8〉이 나타내는 것처럼 소비로 연결되는 소비자 기대지수도 2005년 이후 양호한 추세를 보이고 있으며 2005년 10월부터 기준선인 100을 넘어섰다. 소비자태도지수가 100을 상회한다는 것은 경기를 낙관하고 소비를 늘리는 가계가 그렇지 않은 가계보다 더 많음을 의미한다. 이것은 바로 소비 증가를 바탕으로 경기가 확장될 것임을 나타내는 것이다.

다음 〈표 6-3〉은 앞의 〈그림 6-5〉를 다시 정리한 것이다. 이 〈표 6-3〉은 2001.7~2002. 12월까지의 제 8순환기의 확장국면과 2003. 5월~2004. 3월까지의 경기회복이 주가를 장기적으

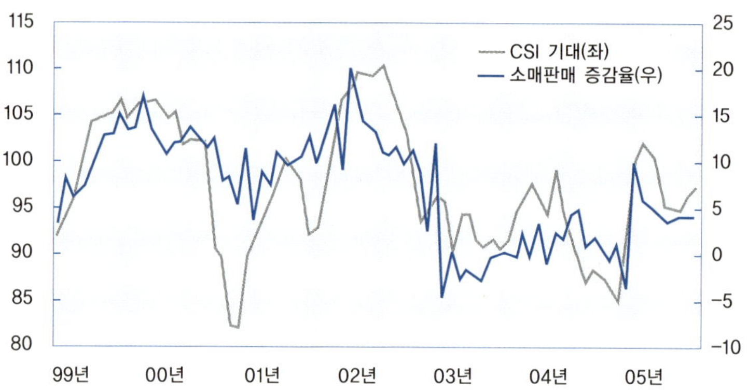

〈자료 : 통계청〉

로 상승시키지 못했던 이유를 요약 제시해 주고 있다.

2005년 이후의 경기 회복과 주가 상승이 앞의 두 차례의 상승 시도와 판이하게 다른 점은 내수와 수출이 둘 다 완만한 증가 추세를 보이고 있는 것이다. 앞의 두 차례 경기 회복 시도가 고장난명(孤掌亂鳴)이었다면 이제는 두 손바닥이 마주쳐서 손뼉을 치고 있는 셈이다.

앞으로 미국을 중심으로 한 세계경제의 호조가 2009~2010년까지 진행될 것으로 전망되기 때문에 수출은 이때까지 순항을 지속할 것이다. 그런데 이제 내수도 우리나라의 베이비 붐 세대가 본격 은퇴를 시작하는 2010년까지 증가할 것이기 때문에 수출과 내수가 끌고 밀어 주는 경기 회복세는 지난번과 달리 3년 이상의 주가 상승을 담보하고 있다. 내수와 수출의 대합창

<표 6-3> 2000. 8월 이후 3차례 경기회복 비교

구분	제 1 차 (8순환기)	제 2 차	제 3 차(현재)
	'01.7월~ '02.12월	'03.5월 ~ '04.3월	'05.4월~
내수	호조	부진	회복→ 증가
수출	부진	호조	호조
GDP	증가	증가	증가
비고	신용카드 남발 가계대출 급증 세계경제 위축	가계연체 증가 세계경제 성장	가계부실 정리 → 소비증가 세계경제 성장 → 수출 호조

이 공연되는 셈이다.

이런 현상은 내수 회복이 주가를 상승시키는 '실적장세'와 주가 상승이 소비를 증가시키는 '부의 효과'가 상호작용을 하면서 이 선순환 구조로 세계경제 회복에 따른 수출증가와 함께 주가를 2009년 전후까지 크게 상승시킬 것이다.

03 저성장 추세와 주가 상승

2005년에는 신문에서 통계상의 경기와 피부 경기가 맞지 않는다는 기사가 많았던 편이다. 통계로는 경기가 회복되고 있다고 하는데 실제 현장에서는 전혀 경기 회복을 느낄 수 없었기 때문일 것이다. 이럴 때 우리는 혼돈을 일으킬 수 있다.

이렇게 통계치와 피부 경기가 일치하지 않은 원인은 다른 것들도 있겠지만 과거 우리가 고성장 시대를 살아 왔기 때문에 그 때와 비교하는 습성이 배어 있는 것도 하나의 이유일 것이다. 아주 맛있는 음식을 즐겨 먹는 사람은 웬만큼 맛있는 음식을 먹어도 맛이 있다고 느끼지 못하는 것과 같다.

그러나 지금 우리 한국 경제는 분명 성장하고 있고 경기가 회복되고 있다. 단 과거처럼 양 위주의 고도성장이 아니라 질 위

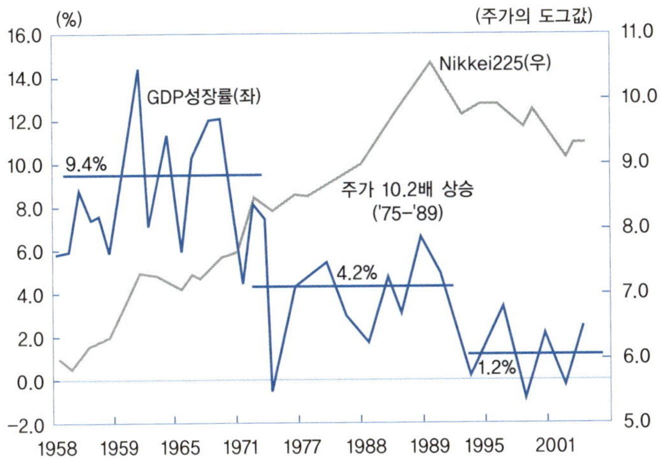

〈자료 : 블룸버그, 출처 :김영익 '경제 및 주가전망 보고서'〉

주의 안정성장이라는 점이 다를 뿐이다. 그렇다면 고도성장을 구가했을 때에도 주가가 박스권을 탈피하지 못했는데 저성장 추세에서 주가가 박스권을 탈피해 추가 상승을 할 수 있겠는가 하는 의문을 가질 수 있을 것이다. 주가의 기술적 분석에만 의거한다면 몰라도 펀더멘털에 의거해서 주가를 예측한다면 더더욱 이 같은 의문을 가질 수 있을 것이다.

그러나 이 점에 대해서 우리는 명쾌한 답을 얻을 수 있다. 바로 대신증권 리서치센터장 김영익 박사에게서다. 김영익 박사는 증권업계가 공인하는 한국 정상의 이코노미스트이자 투자전략가로서 귀신도 모른다는 주가를 예측 가능하게 만들었다는 평을 받고 있다.

앞의 〈그림 6-9〉에서 보듯이 일본은 1950년대부터 1974년의 1차 오일쇼크 때까지 연 평균 10%를 넘는 고도성장을 이룩했다. 이같이 고도성장을 이룰 때 일본의 니케이 평균 주가는 상승 폭이 2.8배에 지나지 않았다. 하지만 1차 오일 쇼크 후 경제성장률이 4%대로 크게 떨어진 저성장 시대에 일본 주가는 1975~1989년까지 15년 기간 동안 무려 10.2배가 올랐다.

김영익 박사는 이 원인에 대해서 고도 성장기에는 기업의 영업이익 변동폭이 커서 이익에 대한 신뢰도가 낮지만 저 성장기에는 기업의 안정적 경영으로 이익의 변동폭이 작아 신뢰를 받게 되고 따라서 안정적으로 이익이 증가하면 주가가 더 크게 오른다는 점과 외형 신장을 추구하지 않기 때문에 배당금이 증가함으로써 주가가 오른다고 설명한다.

필자는 여기에 원인을 하나 더 추가한다. 고성장기에 기업과 개인은 많은 잉여자금 즉, 자산을 축적해 놓게 되는데 저 성장기에 들어서면 저금리 현상이 정착돼 이 자금들이 고수익을 좇아 주식시장으로 몰려들게 된다.

실제로 일본도 1985년 9월, 플라자 합의 이후 달러화에 대한 엔화의 환율이 크게 떨어지자 수출 경쟁력을 유지하기 위해 금리를 낮추게 되었다. 일본은행은 1980년 3월 9.0%이던 정책금리를 1987년 2월에 2.5%까지 계속 인하 시켰다. 금리가 낮아짐에 따라 잉여자금은 주식시장으로 더 몰리게 되고 거품이 발생

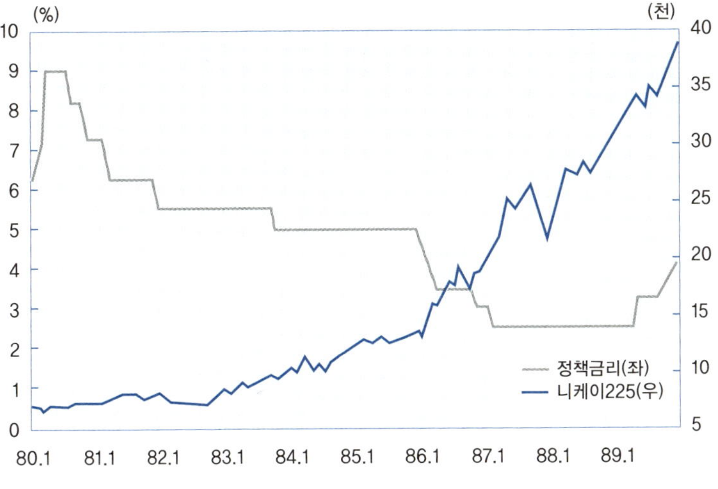

〈자료 : 일본은행〉

하면서 일본 니케이 평균 지수는 수직적 상승을 거듭하며 1989년 말 38,916까지 상승하는 대기록을 세우게 된다.

저 성장기에 경제가 안정적으로 성장하고 기업이 일정 수준의 이익을 지속적으로 내면서 배당을 높게 해 주게 되면 저금리 현상이 안전 자산으로부터 주식으로 이동을 촉진시켜 주가의 상승을 가속화시키게 되고 결과적으로 고주가가 나타나게 되는 것이다.

70년대 후반과 80년대 일본에서 나타났던 '저성장 – 기업의 이익 증가 – 고배당 – 저금리' 현상을 지금의 우리 한국 경제의 현상과 대조해 보고 주가의 향방을 예측해 보기 바란다.

04

외환위기 이후
더 강해진 기업체질

일본의 경우에도 고도 성장기엔 주가가 그다지 높게 오르지 못했고 한국도 박스권 장세를 벗어나지 못했다. 1988년 1,000 포인트에 오른 이후 2005년까지 17년간 계속 300포인트와 1천 포인트 사이에서 지루하게 움직여 왔다.

그러나 일본도 저성장기에 고주가 현상이 나타났듯이 우리 한국도 외환위기 후 저성장기에 들어 선 이후 박스권 장세를 탈피하고 증시에 새로운 기록을 작성하고 있는 중이다. 그런데 이런 기록이 계속 갱신되면서 주가가 오랫동안 상승해 줄 것인가가 앞으로 우리가 주식에 투자를 해야 할지 아니면 하지 말아야 할지를 판가름하는 잣대가 될 것이다.

그런데 앞으로 우리 한국 주가가 새로운 지평을 열며 한 단계

높이 도약할 것이라는 근거가 또 하나 있다. 그것은 바로 우리 한국 기업의 재무구조가 과거 고성장 시기와 차별화 됐다는 점이다. 앞에서도 설명한 바 있듯이 외환위기 이전 우리 기업은 고성장을 위해 외형 위주의 기업경영을 해 왔다. 내실보다 외형을 중시하다 보니 투자의 효율성을 철저하게 따질 겨를이 없었고 또 그럴 필요도 없었다.

그리고 직접금융보다 간접금융이 더 발달(?)돼 있었고 자금의 수요가 공급보다 초과 상태에 있었기 때문에 자금의 운용보다 조달에 더 비중을 둘 수밖에 없었다. 이것은 기업의 부채비율을 높게 만들었고 필자가 은행에 재직하던 시절 대출을 위해 심사를 하다 보면 부채비율이 500%를 넘는 기업이 많았다. 부채 비율이 500%라 하면 자본금이 1억 원이라고 할 때 빚이 5억 원인 셈이다. 부채비율이 높으면 매출을 증가시켜도 판매관리비와 금융비용을 빼고 나면 별로 남는 것이 없다.

이렇게 부채를 조달하여 방만하게 경영을 해 오던 우리 기업은 외환위기 때 고금리를 겪으면서 혹독한 경험을 하게 되고 이후 뼈를 깎는 구조조정을 거쳐 지금의 경쟁력을 갖추게 되었다. 지금 우리 한국 기업의 재무구조는 과거와는 판이하게 다르다. 1997년 당시 400%에 육박하던 제조업의 부채비율은 현재 100%를 조금 넘을 뿐이다. 미국 기업의 부채비율이 141.2%(2004년 말), 일본 기업의 부채비율이 145.4%(2003년

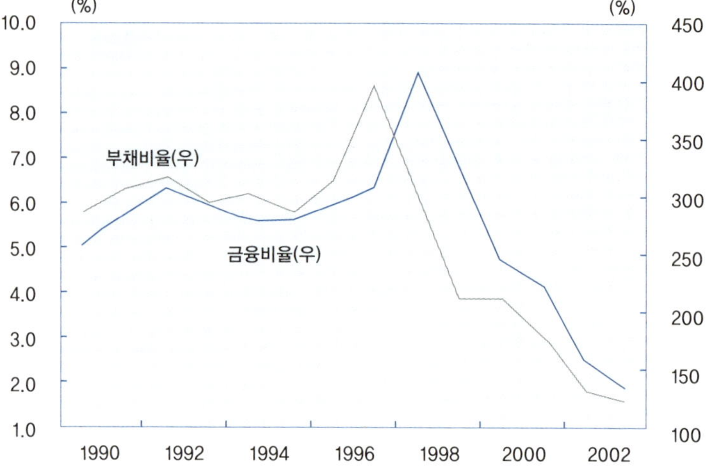

〈자료 : 한국은행, 출처 : 김영익 '경제 및 주가전망 보고서'〉

말)임을 감안할 때 우리 기업의 재무구조는 미국과 일본 기업보다도 더 견실해졌음을 확인할 수 있다.

300%를 넘는 부채비율로 취약한 재무구조로는 매출을 늘린다 해도 금융비용과 관리비를 빼고 나면 별로 남는 이익이 없다. 그러다 보니 외형은 커져도 이익은 제자리거나 오히려 감소하게 된다. 따라서 배당을 높게 해 줄 수가 없고 그 결과 주가가 상승 모멘텀을 찾을 수 없는 것이다. 이런 상태가 계속되던 기간이 박스권 장세 시기였던 것이다.

이제는 그런 내실 없는 외형 중심의 패러다임을 버리고 수익성 중심으로 체질을 바꿨기 때문에 앞으로의 주가를 과거와 같은 연장선상에서 예측하는 것은 큰 실수가 될 것이다. 지금 우리 기업은 조 단위의 이익을 내는 기업이 많아졌다. 외환위기 이전에는 볼 수 없던 현상이다. 이런 현상은 이런 재무구조의 변화가 있었기 때문이다. 이런 펀더멘털 위에 있기 때문에 한국 주가는 앞으로 크게 오를 수밖에 없다.

외국인들이 한국 주식을 사들이는 이유가 바로 이것이다. 기업의 가치에 비해 주가가 저평가 되어 있기 때문에 한국 주식을 사는 것이다.

여기서 초두에 언급했던 바를 다시 한 번 되새겨 보자. 우리가 주식에 투자할 때 바로 주가와 주식에 접근하지 말고 경제와 기업 분석에 접근해야 한다고 강조한 필자의 취지를 이해하였을 것이다.

05 인구구조로 보는 한국 주가 예측

한국의 인구구조가 '저출산 – 고령화'로 표현되는 것은 이미 식상할 정도다. 여기서 인구 고령화에 대해 구구하게 설명한다면 공간도 부족할 뿐 더러 다른 유익한 내용 전달에 장애가 될 것이다. 하여 인구구조의 변화와 고령화 추세가 어떻게 주식시장에 영향을 주는지를 분석해 봄으로써 주가를 예측하고 투자 전략을 수립해 보기로 한다.

영국의 유력 경제주간지 Economist지는 지난 40년 동안 실질 주가와 장년층 인구 비중의 동조현상에 비추어 베이비 붐 세대가 은퇴하는 2010년 이후에 대규모 자산 매각에 따른 주식 등 자산가격 하락 우려를 제기한 바 있고 Baclay Capital도 2000년 이후 증가하기 시작한 은퇴 인구의 비중이 주가 버블 붕괴의

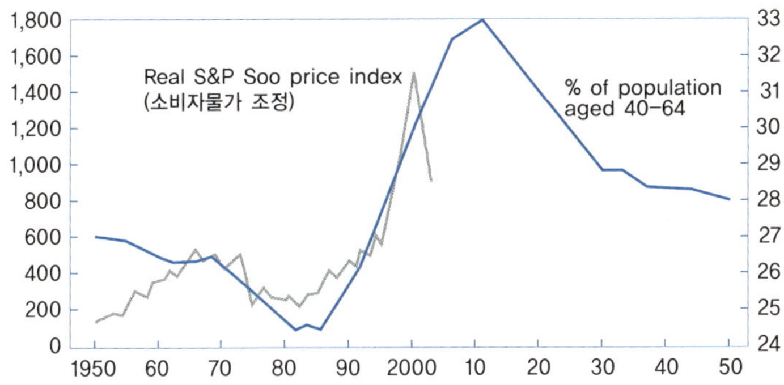

〈자료 : James Poterba〉

〈출처 : Economist, 2004.9.2〉

한 요인으로 작용했다고 주장한 바 있다.

한국 인구구조와 주가

일본의 사례처럼 한국도 인구구조의 변화가 주가에 지대한 영향을 끼칠 것으로 볼 수 있다. 향후 한국의 인구구조가 아주 빠르게 고령화 되고 있음을 염두에 두면서 다음 내용을 살펴보기로 한다.

2005년 현재 한국의 인구구조는 미국과 매우 유사한 모습을 보여주고 있다. 미국의 인구구조는 뒤의 제 7장에 설명되어 있다. 두 나라는 60대~ 40대 인구 증가 추세가 흡사하다. 단, 한국은 30대까지 증가하고 있으며 40대보다 30대 인구가 좀 더 많은 상태인데 그 이유는 한국의 베이비 붐 세대가 미국보다 늦

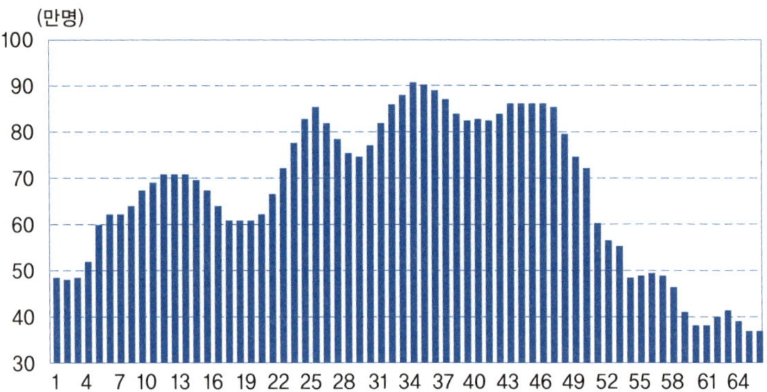

기 때문이다.

지금 60대는 1980년대에, 50대는 90년대에 40대였으며 그리고 현재 30대는 2015년에 40대 연령층을 이룬다. 이런 추세를 볼 때 한국의 40대 인구는 2015년에 정점에 다다를 것임을 알 수 있다. 이것이 다음 〈그림 6-14〉에 표시되어 있다.

〈그림 6-13〉과 〈그림 6-14〉를 보면 한국의 40대 인구는 2015년에 최고치를 기록하고 이후 점차 감소하게 되며 30대 이하 인구는 지금이 이미 정점에 다다른 상태다. 결혼 적령기인 30대 초반~20대 후반 연령층은 감소 추세에 들어선 상태이고 이런 추세는 점점 더 심화될 것이다.

일본의 사례를 동일하게 적용시켜 볼 경우 한국 주가는 2015년까지 장기간 상승할 것이라는 등식이 성립된다. 그렇다면 앞

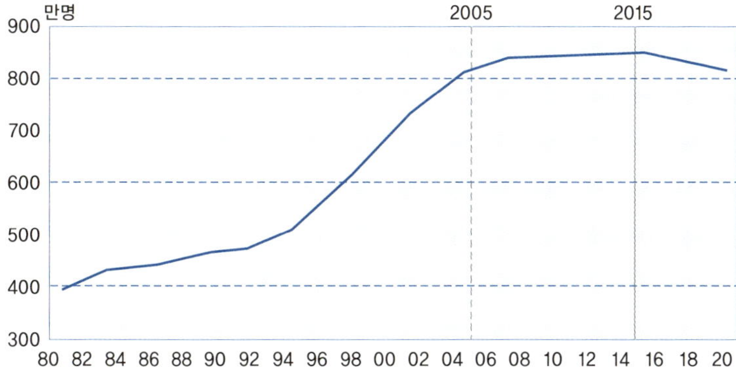

으로 주식투자로 부를 축적할 수 있는 시간이 10년 정도 남아 있는 셈이다.

그런데 왜 앞으로 3~4년 밖에 주가가 상승하지 못한단 말인가? 그 이유가 다음의 제 7 장에 설명되어 있다.

외국의 인구구조와
주가상승 요인

Baby Boom

1. 미국증시의 주연은 베이비부머
2. 중국의 인구구조와 경제성장
3. 인도 인구구조와 경제 전망
4. 미국 발 주가폭락은 언제쯤일까
5. 미 주가폭락 충격을 완충시키려면
6. 2010년 이후엔 희망이 없는가?
7. 앞으로 한국 주가의 상승 속도는?

01

미국증시의 주연은 베이비부머

　미국도 일본처럼 인구구조가 경제에 미치는 영향이 매우 크다. 다음 〈그림 7-1〉은 2005년 현재 기준으로 미국의 인구구조를 나타낸 것이다. 65세에서 45세까지 인구가 가파르게 증가한 것을 확인할 수 있고 이어서 40세 이후 연령층 인구가 급감할 것임을 알 수 있다.

　2005년 현재 40~44세 인구가 2010년에는 45~49세가 된다. 그리고 2005년 현재 2,051만 명인 35~39세 인구가 2010년엔 40~44세 연령층이 된다. 이렇게 해서 2010년을 정점으로 미국의 40대 인구는 상승 추세에 마침표를 찍는 것이다.

　미국은 이민자를 포함한 빠른 속도의 인구 증가를 바탕으로, 자유 시장경제 체제와 IT기술 발달에 따른 생산성 향상에 힘입

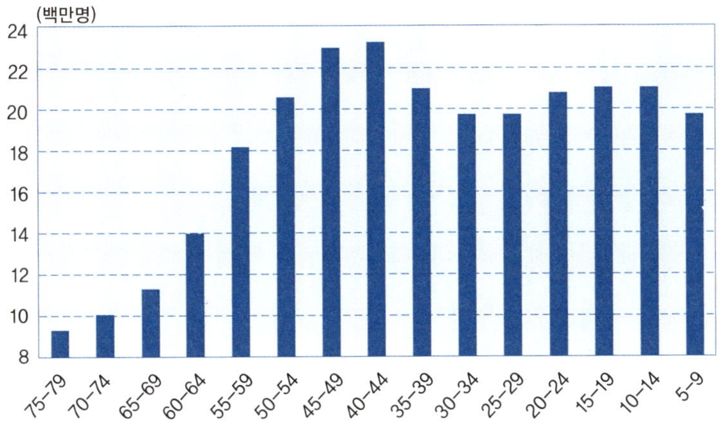

〈자료 : UN, Demographic Yearbook 2002〉

어 사실상 '60년대부터 초장기의 확장기와 초단기의 수축기를 기록하는 경제 성장을 일구어 왔다.

필자는 경제 대국이 되기 위한 3 요소로 첫째 거대 인구와 둘째 자유 시장경제 체제 확립이 필요하고 셋째로는 기술혁신이 필요하다고 보며 첫째 요소가 빠진 나머지 두 가지를 갖춘 나라는 경제 강국으로 발돋움 할 수 있다고 믿는다.

미국은 이 3 가지 요소를 다 구비함으로써 1990년대 초반 이후로 세계 유일의 초강대국으로 군림해 오고 있다. 생산을 위한 노동력을 제공함과 동시에 막대한 소비시장을 제공해 주는 30~40대 인구의 증가와 함께 미국은 '60년대 이후 100개월 내외의 확장기와 불과 12개월 정도의 수축기를 기록하는 경기 순

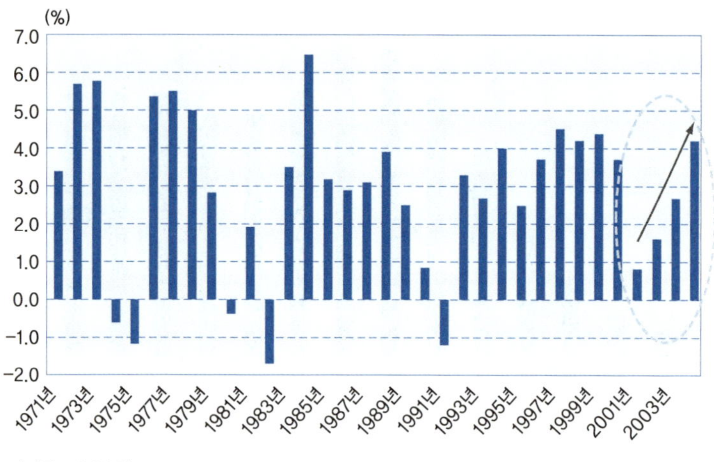

〈자료 : OECD〉

환을 지속해 오고 있으며 '90년대에는 120개월의 경기호황을 구가하기도 했다.

앞의 인구구조를 참고하면서 다음 〈그림 7-2〉와 〈표 7-1〉을 살펴보면 잠깐 동안의 마이너스 성장률을 나타낸 시기가 경기 국면 상 수축기에 해당한다. 우리가 주목해야 할 경기주기는 제 27순환기와 제 29순환기 그리고 제 31순환기와 제 32순환기다. 특히 제 32순환기에는 미국인들이 무려 120개월의 호경기를 누린 기간이다. 〈그림 7-1〉에서 54세 이상 연령층이 이 시대에 30~40대 시기를 관통한 세대들이다 .

앞의 〈그림 7-2〉에서 2001년 이후 경제성장률을 유심히 보아 둘 필요가 있다, 왜냐하면 이 자료가 지금의 세계경제 상황을 시사하고 있기 때문이다. 2001~2002년의 주가 폭락과 함께

〈표 7-1〉 미국 경기 사이클 표

순환	기준순환일			지속기간(월)		
주기	저점	정점	저점	확장기	수축기	순환기
26순환	58.4월	60.4월	61.2월	24	10	34
27순환	61.2월	69.12월	70.11월	106	11	117
28순환	70.11월	78.11월	75.3월	36	16	52
29순환	75.8월	80.1월	80.7월	58	6	64
30순환	80.7월	81.7월	82.11월	12	16	28
31순환	82.11월	90.7월	91.3월	92	8	100
32순환	91.3월	01.3월	01.11월	120	8	128

〈자료 : NBER〉

침체기를 겪은 미국경제는 감세와 저금리 정책의 도움으로 빠르게 성장력을 회복했다.

이어서 다음 〈그림 7-3〉을 보면 역시 세계경제도 미국과 동반 성장세를 보이고 있는 중이다. 우리 한국 주식투자자들은 미국을 중심으로 하는 세계경제 흐름을 예의 주시해야 한다. 그 이유는 앞에서 이미 필자가 밝혔기 때문에 여기서는 생략한다.

2005년에 미국이 허리케인 카트리나와 리타로 인해 대규모의 피해를 입었음에도 왕성한 소비를 바탕으로 3사분기 경제성장률이 4.3%를 기록한 것은 바로 인구구조와 무관치 않다.

지금 미국 경제는 '과소비 왕국' 이라고 표현해도 과언이 아닐 정도로 '소비 천국' 이다. 미국의 천문학적 규모의 재정적자 누증과 경상수지 적자는 미국 정부가 2001 ~2002년의 경기침체를 탈피하기 위해 취한 감세정책과 재정지출 확대정책에도 원인

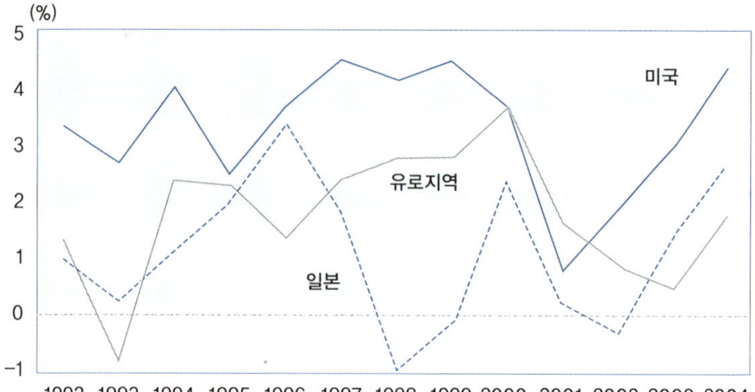

〈출처 : KDI, 세계경제의 구조변화 가능성〉

이 있지만 미국 가계의 과소비도 한몫을 단단히 하고 있다. 미국 가계의 저축률은 그나마 2003년까지는 2%대를 유지했으나 2004년에는 1.8%로 떨어지고 급기야 2005년 10월엔 −0.7%까지 하락한 상태다.

미국인들이 저축을 하지 않고 소비를 늘림으로써 미국은 투자율이 저축률을 초과하게 되고 수출보다 수입을 늘리지 않을 수 없게 됐다. 이렇게 해서 경상수지 적자가 눈 덩이처럼 불어나고 있는데 이 적자를 또 미국에 수출을 해서 돈을 벌어가는 중국과 한국 일본 등 아시아 국가와 유럽 국가들이 미 국채를 사 줌으로써 메워주고 있는 실정이다.

미국은 GDP의 70%(2004년 기준)를 소비가 기여하고 있는 바와 같이 소비가 경제성장에 중요한 몫을 차지하고 있다. 미국

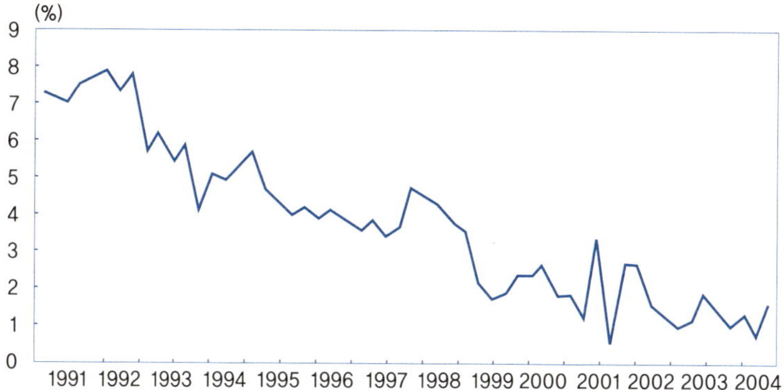

〈출처 : KDI, 세계경제의 구조변화 가능성〉

이 인구 수로는 중국과 인도보다 적지만 전체 GDP와 소비 규모로는 세계 1위이기 때문에 구매력 측면에서는 세계 최대의 시장인 셈이고 앞으로도 20여년은 세계 경제를 주무를 힘이 있는 것이다.

앞으로 점차 중국과 인도가 거대 인구를 바탕으로 시장경제를 정착시키면서 세계 경제대국으로 성장하겠지만 그 전까지는 미국이 세계경제를 주름잡는 데 별다른 이견이 없다. 다음 〈그림 7-5〉가 이것을 시사하고 있다.

그러나 미국 경제는 경상수지 적자와 재정 적자를 지칭하는 쌍둥이 적자와 미국인의 과소비 두 가지의 구조적 문제를 잉태한 채 2010년까지 성장 가도를 달려야만 한다. 여기에 버블 상태에 있는 부동산 경기도 언제 터질지 모르는 시한폭탄이기 때

(단위: %)

기관	지역	2006	2007	2008	2009	2010
O	세계	4.3	4.4	4.3	4.2	4.2
E	미국	3.5	3.3	–	–	–
C	일본	2.0	2.0	–	–	–
D	유럽	2.1	2.2	–	–	–
	미국	3.1	3.1	–	–	–
GlobalInsight	일본	2.2	2.0	–	–	–
	유럽	2.0	2.2	–	–	–

〈자료 : OECD, Global Insight〉

문에 불안한 상태에서 성장의 막바지를 향해 달리고 있다.

20008 이후 각국 경제성장률 자료가 없지만 OECD의 세계경제성장률을 기준으로 추정해 보면 미국은 2010년까지 3.0~3.5%, 일본과 유럽은 2.0% 내외의 경제성장을 할 것이 예측 가능하다.

그러나 미국이 경제의 주력 부대인 40대 인구의 증가세가 2010년으로 막을 내리게 되면, 앞으로 경제성장에 일대 타격이 우려되고 이들 베이비 붐 세대의 은퇴 공세가 펼쳐짐에 따라 복지 예산 지출 증가로 재정적자가 확대될 것으로 예측되고 있다. 앞으로 미국 경제의 장래가 매우 어두워지고 있는 것이다. 그리고 그 기간도 상당히 길 것이다.

앞의 〈그림 7-1〉은 2010년에 미국의 40대 인구는 최 정점에 다다르고 이후 2030년까지 감소하고 이후 어느 시기에도 2010년 수준에 이를 수 없을 것임이 확인된다. 이 현상은 '시장의 축

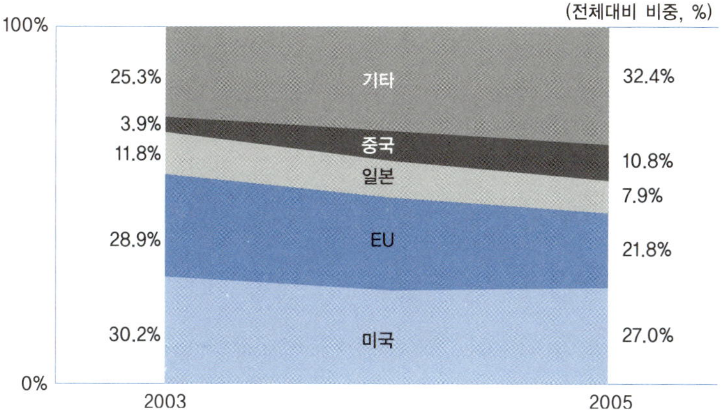

〈출처 : KDI 세계경제의 구조 변화 가능성〉

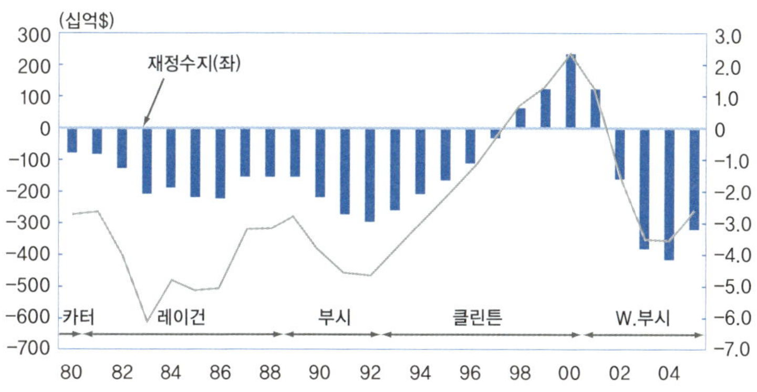

〈자료 : 재경부〉

소 → 소비의 급감 → 주가 폭락' 이라는 경로를 우리에게 보여
주고 있다.

401-k가 미국 주가를 올렸다고?

또한 40대 인구가 1990년대에 급증한 사실은 이 시기에 미국 주가의 장기 상승과 관련해 그 의미가 크다. 가끔 당시 미국 주가의 장기 상승의 주 요인을 뮤추얼 펀드 및 401(k) Plan과 같은 기업연금으로 지적하는 사람들이 있으나 이는 장기 주가 상승의 충분한 설명이 될 수 없다.

물론 뮤추얼 펀드와 기업연금(한국의 경우 퇴직연금)이 주가 상승에 일조한 것은 사실이지만 이들 상품의 보급 확대가 미국에서 장기 주가 상승의 근본적 원인은 될 수 없다. 10년이 넘는 장기 주가상승의 근본적 원인은 바로 인구구조와 정보기술(IT)산업 발달을 바탕으로 한 실물 경기 호황이었던 것이다. 이 10년 호황이 주가 상승의 밑불이 된 것이고 뮤추얼 펀드와 기업연금은 기름 역할을 했을 뿐이다. 중요한 것은 밑불이다.

가장 왕성한 경제활동과 소비의 주역인 40대 인구의 20년을 넘는 급증 추세는 기업에게 매년 확대되는 대규모의 시장과 노동력을 제공한다. 기업은 투자를 늘리고 실적은 매년 증가하게 된다. 여기에 IT산업 발달에 따른 생산성 향상은 물가를 자극하지 않으면서도 높은 경제성장을 가능하게 했다. 이런 과정에서 주가의 상승은 너무나 당연한 것이다. 이 1990년대 10년간 미국의 경기 주기가 확장 국면이었음을 상기해 둘 필요가 있다.

이 같은 실물경기의 장기 확장으로 '90년대 초반, 주가가 상승하면서 수익률이 좋아지자 미국인들은 주식투자를 선호하게 됐고 1995년을 중심으로 뮤추얼 펀드 가입이 급증했으며 대표적 기업연금인 401-(k) Plan의 보급이 전 미국 기업의 과반수를 넘은 시점도 이 무렵이다.

40대 인구의 증가세가 주춤해지는 2000년 이후에 미국 주가는 그동안의 거품을 제거하는 홍역을 치르게 되는데 그것이 2001~2002년의 주가 폭락이다. 그리고 다시 상승 가도를 달려서 2010년까지 주가가 오를 것이라는 예측이 나오고 있다. 물론 이것도 경기 회복을 기반으로 하는 것이며 이 경기 회복은 앞의 〈그림 7-1〉에서 보듯이 미국 40대 인구의 마지막 랠리(?)에 기인하는 것임을 우리는 알 수 있다.

다음에 또 하나의 그림을 보자. 이 〈그림 7-7〉는 '80년 이후 미 다우지수와 역시 미국 40대 인구의 추이를 나타내고 있다. 미 주가와 40대 인구의 증가가 높은 상관관계를 가지고 있다는 것을 그래프는 시사하고 있다. 당연히 이 기간에 미국의 경기는 확장기였다.

그림을 하나 더 보기로 한다. 다음 〈그림 7-8〉은 미국에서 확정급여형 기업연금과 확정기여형 기업연금의 보급 추세를 보여주는 그래프이다. 이 그래프를 보면 90년대 중반까지는 미국 기업들이 대부분 확정기여형보다 확정급여형을 더 많이 시행하고 있었음을 알 수 있다. 확정기여형이 꾸준히 증가하고 있지만 기

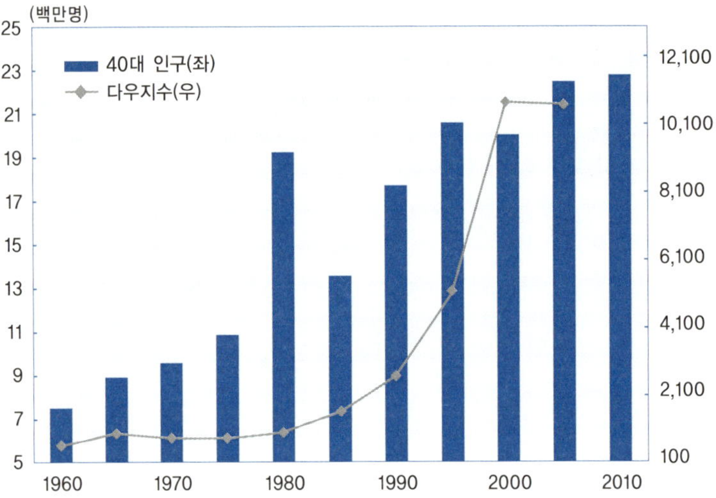

울기가 매우 완만하다. 그러다가 '90년대 중반에 이르러 확정기여형이 확정급여형을 추월하면서 미국에서 대부분의 기업들이 확정기여형 기업연금을 도입하게 된다.

이와 동시에 미국 주가도 상승 속도가 높아졌다. '95년을 기점으로 주가의 상승세가 빨라진 원인은 기업연금과 뮤추얼 펀드의 확산 등에 힘입은 바가 큰 것이 사실이다. 그러나 필자가 지적하고 싶은 것은 마치 미국의 주가 장기 상승의 원동력이 기업연금이나 뮤추얼 펀드와 같은 간접투자 상품의 확산과 연기금의 주식투자 확대인 것처럼 주장하는 것은 본질을 간과한 것으로 주가를 예측하는 데 있어서 큰 오류를 범할 수 있고 그 결과 자산운용에 큰 손실을 가져 올 수 있다는 것이다.

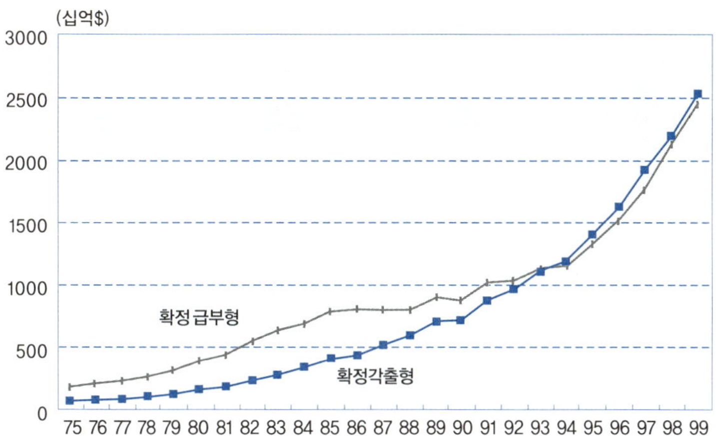

〈자료 : FRB〉
〈출처 : 한국펀드평가 ‘기업연금’〉

미국에서 ‘90년대에 유례없는 주가 상승 폭과 상승 기간을 견인해 낸 것은 두 가지 실물 요인이 크게 작용했고 기업연금과 뮤추얼 펀드는 조연이었던 것이다.

앞으로 한국 주가도 미국 주가와 경제의 분석 결과와 마찬가지로 펀드나 퇴직연금 연기금 등의 수급 조건이 상승 요인으로 작용은 하겠지만 이것들보다는 인구구조를 포함한 실물경제 요인이 더 크게 작용할 것이기 때문에 수급조건에 국한해서 주가를 예측하는 우를 범하지 않도록 해야 한다.

중국의
인구구조와 경제성장

세계의 거대공장 중국

1980년대 개혁 개방을 시작해서 1990년대에는 사회주의 시장경제 단계를 거쳐 2001년 WTO에 가입한 중국은, 이후 세계화 단계를 거치고 있는 중으로 지난 20년간 세계 최고 수준으로 경제가 성장하고 있는 중이다.

'80년대에 다소 불안정한 고도 경제성장 과정을 거쳐 '90년대에 주룽지 총리의 유능한 경제정책 수행으로 연착륙에 성공한 이후 〈그림 7-9〉와 같이 계속 8%대 전후의 안정적인 고도 경제성장률을 보이면서 세계 평균 수준을 훨씬 초과하는 수준을 유지하고 있다.

2000년대 들어서는 중국 정부의 투자 억제책에도 불구하고

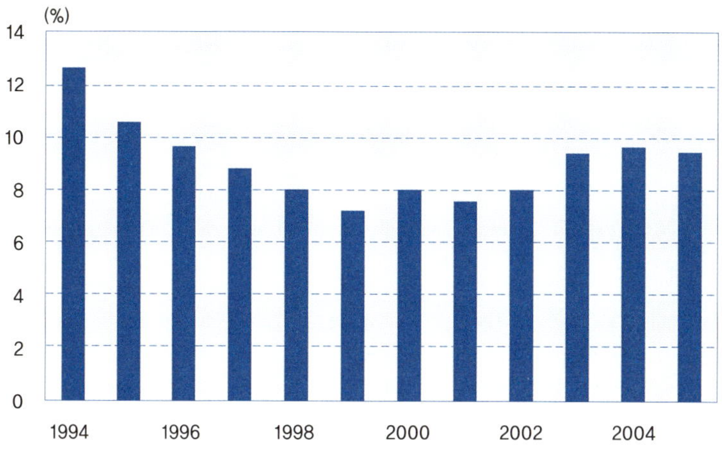

〈자료 : World Bank〉

9%를 넘는 경제성장률을 구가하고 있으며 2005년에도 8% 수준의 경제성장을 목표로 했으나 9%를 초과하였고 2006년도 목표치인 8%를 상회하는 성장을 이룰 것으로 예상된다.

이렇게 파죽지세의 경제성장을 계속하고 있는 중국의 총 생산액(GDP)은 다음 〈그림 7-10〉처럼 2005년에는 세계 4위, 2010년 세계 3위, 2020년엔 세계 2위, 2041년엔 세계 1위의 경제규모가 될 것으로 한국은행은 전망하고 있다.

〈그림 7-10〉이 나타내는 것처럼 미국은 경제력이 지속적으로 약화되는 데 반해 중국은 계속 상승해 2040년 이후엔 중국이 경제력에서 세계 1위 국가가 될 것으로 전망되고 있다.

현재 중국 경제의 특징을 요약하면 거대 인구를 기반으로 한

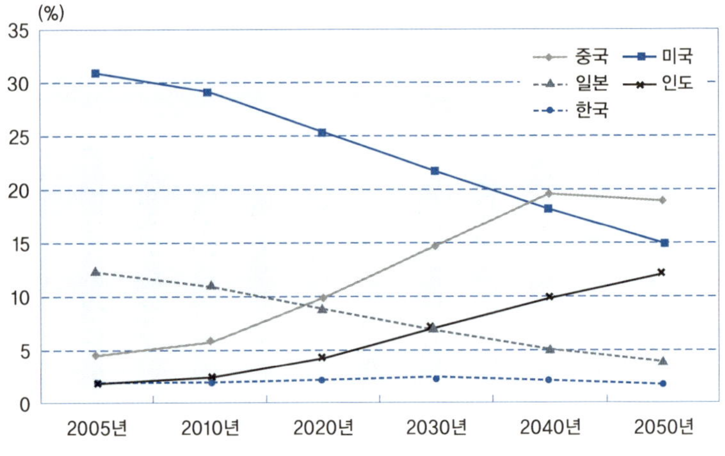

〈자료 : 한국은행〉

값싼 노동력을 무기로 저가 공산품을 생산, 공급하는 세계의 공장이라고 표현할 수 있을 것이다. 세계의 공장이라는 표현에서 알 수 있듯이 중국경제는 투자와 수출 중심의 구조를 가지고 있는 상태다.

황해 연안의 대도시를 중심으로 한 경제특구의 발전에 비해 상대적으로 더 많은 인구가 거주하는 농촌 지역은 소득수준이 뒤떨어져 구매력이 낮은 상태이다. 그래서 중국은 내수가 약하고 수출품 생산을 위한 고정투자와 수출 중심으로 경제가 운영되고 있다.

이런 경제구조를 개선하기 위해 중국 공산당은 '조화로운 사회 건설'(to build a Harmonious Society)을 표방하며 도-농

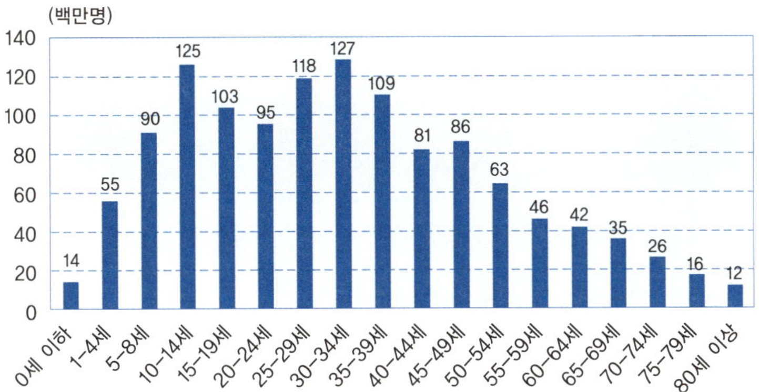

〈그림 7-11〉 중국의 연령별 인구구조

〈자료 : UN Demographic Yearbook 2002〉

소득격차를 해소를 통한 내수기반 확충을 추구하기 시작했고 IMF도 중국정부에 수출과 (고정자산)투자보다 소비를 증가시킬 것을 주문하고 있다.

고도성장의 부작용으로 은행의 부실채권도 만만치 않은 상태이고 미국 등으로부터 위안화 절상 압력을 거세게 받고 있는 중이어서 앞으로 수출이 둔화될 가능성도 크다.

그리고 현재 중국 경제성장에 가장 큰 장애 요인이라면 정치적으로 안정돼 있지 못하다는 점이다. 공산당 1당 집권 체제인 중국이 경제 발전을 주도해 나가고 있지만 경제 수준이 높아졌을 때 중국 국민의 정치적 욕구가 분출되면 제2의 천안문 사태 발생 가능성도 상존하고 있다.

전문가들은 현재 농촌의 대규모 실업 인구들이 사회 불안의 요소로 작용하고 있으며 여기에 관료들의 부패가 작용할 경우 사회적으로 대규모 소요를 일으킬 소지가 크다고 보고 있다.

실제로 중국은 관료의 부패와 환경오염, 개발 보상 문제 등으로 크고 작은 시위가 끊이지 않고 있다. 중앙 정부 집계로만 1994년에 1만 건이던 소요사태가 2005년에는 87,000 건을 기록했을 정도이다.(타임지 2006. 3. 13)

중국의 내수 확대 성공은 우리에게도 중요

지금 중국은 인구 13억 명의 인구대국에 걸맞지 않게 무역 의존도가 70%(2004년)나 되고 내수 기반이 취약하다는 것이 구조적 문제점으로 지적되고 있다. 이 현상을 뒤집어서 말하면 민간소비가 부진한 상태에서 설비 등 고정자산 투자와 수출 중심으로 경제가 성장하고 있으며 국내적으로는 공산품이 공급 과잉 상태에 있는 것이다.

다음 〈그림 7-12〉로 확인되는 이 현상은, 전체 인구의 대다수인 9억 명의 인구가 거주하는 내륙 농촌과 바다를 접하고 있는 대도시로 양분되는 '도-농 격차'와 '동-서 격차'로 압축 표현되고 있다. 이는 '개발 격차'에 '소득 격차'를 동시에 안고 있는 상태로 농촌 인구의 소득이 획기적으로 증대되지 않으면 중국경제는 현재의 이런 구조적 문제를 풀어가기가 어려운 실정이다.

이 같은 문제점을 잘 알고 있는 중국 정부도 이를 개선하기 위

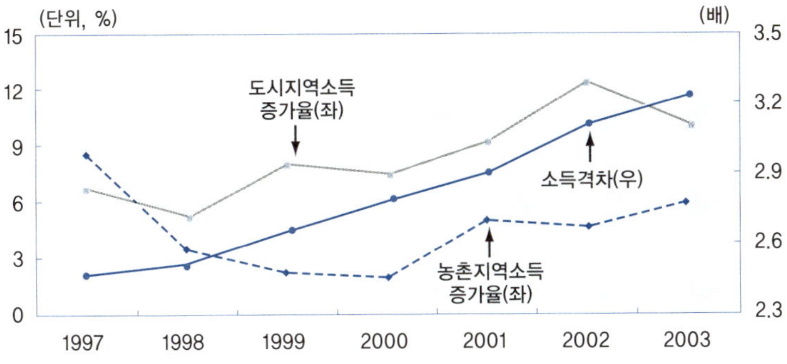

〈그림 7-12〉 도시와 농촌의 소득증가율 및 격차 추이

〈자료 : CEIC〉
주 : 도시지역소득은 1인당 가처분소득, 농촌지역소득은 1인당 순수입 소득격차 = 도시소
　득/농촌소득

해 대책을 서두르고 있다. '도–농 격차'의 원인이 되고 있는 '호구제'를 점차 완화할 계획이고 도시 근로자의 소득을 증대시키기 위해 '최저임금'을 인상하는 등 조치를 추진하고 있다.

하지만 중국 전문가들은 도시와 농촌의 소득격차가 해결되기 위해서는 농가 소득이 도시 소득과 동일한 속도로 증가할 경우 30년이란 장구한 세월이 걸리고(한국은행), 농촌 소득 증가율이 도시의 2배가 된다고 가정해도 앞으로 17년이란 기간이 더 필요하다는 LG경제연구원의 분석 등을 바탕으로 보면 향후 10년 내 농촌의 소비력이 도시 소비 수준에 도달하기는 어려울 것으로 보인다.

결론적으로 미국 경기가 침체되는 2010년 이후에 중국의 대미 수출 격감 분을 중국의 내수 증가분이 흡수해 주기가 어려울

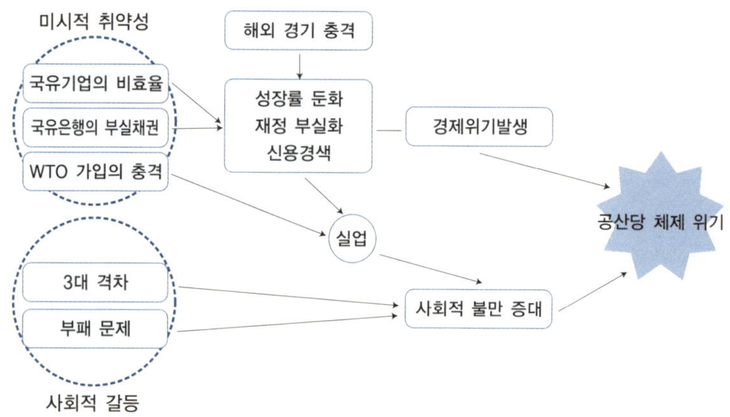

〈자료 : 대외경제정책연구원〉
〈출처 : 한국은행 경제교실, 중국경제 현황과 과제〉

것이라는 결론이 나오는 것이다.

이렇게 되면 다음 〈그림 7-13〉의 진행과정이 나타날 위험성이 커지게 될 것인데 이 그림에서 해외경기 충격은 미국의 경기침체가 될 것이다. 앞으로 중국이 해외 경기충격을 흡수하면서 이 사태를 경제위기로 확대되는 것을 차단하고 정치, 사회적으로 안정을 유지하기 위해서는 농촌 소득 증가를 통한 내수기반 확대 외에는 별다른 카드가 없는 상태다.

하지만 2010년까지 앞으로 남은 기간동안 중국이 최대한 내수확대에 성공하여 무역의존도를 낮추면서 자립경제 체제를 정착시켜 나가길 바란다. 왜냐하면 중국의 내수 확대는 다음의 진행 과정을 막아줄 방파제가 될 것이기 때문이다.

미국경제 침체 → 중국의 대미 수출 격감 → 중국 경기 위축
→ 한국의 대중 수출 격감 → 한국경제 침체

즉 중국의 내수 확대 성공은 미국경제가 불황에 빠질 때 중국경제에 대한 미국의 충격을 흡수시켜 중국경제의 성장을 지켜줄 뿐 아니라 한국의 대중 수출을 유지시키거나 감소 폭을 줄여서 우리 한국경제도 보호해 주는 방파제 역할을 해 줄 것이다. 우리 한국인은 우리를 위해서도 앞으로 중국이 소위 '신 농촌 건설'을 구호로 내거는 농촌 소득증가를 통한 내수기반 확대가 부디 성공할 수 있도록 기도해 줘야 한다.

어쨌든 2007년 자본시장 개방이 예정되어 있고 2008년 북경 올림픽과 2010년 상하이 엑스포 등 굵직한 경제 행사가 예정되어 있어 이때까지는 중국 경제가 무난하게 성장세를 보이게 될 것이고 미국, 일본, 유럽의 경기 회복과 맞물려 2008~2009년까지 우리 한국경제도 순조로운 성장을 계속할 것이고 우리 주가도 상승 국면을 보이게 될 가능성이 매우 크다.

03

인도 인구구조와 경제 전망

자산 포트폴리오 상 인도는 매우 중요

인도는 중국에 비하면 경제개방에 지각한 나라다. 독립 이후 정치적으로 비동맹 노선을 취했기 때문에 네루식 사회주의 경제체제를 고수하게 됐다. 그 결과 1950~80년대에 걸친 40여 년간 경제 성장률은 연평균 3.5% 수준에 불과했다. 이를 일컬어 이른 바 '힌두 성장률'(Hindu Growth Rate)이라고 한다.

이렇게 오랫동안 잠자던 인도가 1990~91년의 외환위기와 동유럽의 사회주의 국가들의 몰락 등 국제 경제 환경이 변하면서 문을 열기 시작, 이후 연평균 6%대의 양호한 성장을 계속하고 있다. 특히 최근의 GDP 성장률은 2003년 8.6%, 2004년 6.9%를 기록했으며 외환보유고가 급격히 증가하고 통화가치도 상승 중이다.

<표 7-3> 인도의 주요 경제지표

(단위: 억불, %)

구 분	2000년	2001년	2002년	2003년	2004년
인구(백만 명)	1,012	1,030	1,046	1,062	1,080
경상 GDP	4,773	4,855	5,076	5,477	6,915
1인당GDP	478	473	485	516	610
GDP성장률	4.4	5.8	4.0	8.5	6.9
소비자물가상승률	3.8	3.7	4.1	3.5	4.2
수출액	455	447	538	647	792
경상수지	△27	34	63	106	△64

〈자료 : 대외경제정책연구원〉

인도는 2050년까지 연평균 5~6% 수준으로 성장해 2032년 일본을 제치고 미국 중국에 이어 세계 3위 경제대국이 될 것으로 전망되고 있으며 2015년 이후엔 경제성장률이 중국을 추월할 것으로 예상된다.(자료 : 골드만삭스)

인도가 이렇게 높은 경제성장을 하고 있지만 문제점도 있는데 그것은 인도경제가 아직까지는 아웃소싱 위주의 서비스 산업 중심 경제라는 점이다. 소프트웨어 중심의 아웃소싱 기지로서 위상을 확고하게 굳히고 있지만 인도는 제조업 기반이 아직 취약하고 복잡한 행정절차와 규제가 만연하며, 사회간접자본이 열악하고 개방 수준이 낮은 상태다.

이런 문제점들이 개선되기 전까지 인도의 경제성장은 진폭이 있을 것으로 예상된다. 그러나 장기적으로 제조업의 육성과 동아시아의 분업에 성공하여 안정적인 경제성장을 이룰 것으로 예상된다. 이럴 경우 2010년부터는 중국과 대등한 성장률을,

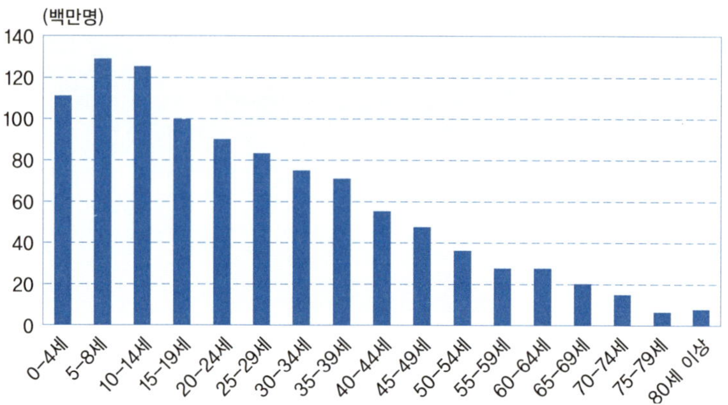

〈그림 7-14〉 인도의 인구구조

〈자료 : UN Demographic Yearbook 2002〉

2015년 이후에는 중국보다 더 높은 성장률을 달성할 수 있을 것으로 예측되고 있다. 2040년이 되면 경제규모는 중국의 1/2수준에 이를 것으로 평가된다.

인도는 인구증가율이 높고 상대적으로 평균연령이 낮은데 현재 25세 이하 인구가 54%(중앙일보 2005. 11.21)에 달하고 있어 세계적인 고령화 추세 속에서 이례적으로 젊은 인구가 압도적으로 많은 나라다. 이는 향후 적어도 20년 이상 인도 경제가 매우 활력 넘치는 경제 활동과 높은 성장률을 보일 징표로 작용할 것이다.

그러나 중국은 경제활동 인구의 비율이 2010년에 정점에 달한 후 점차 감소세를 보일 것으로 예상되는바 중국 경제의 성장률이 현재에 비해 다소 둔화될 것으로 전망되는 근거다. 〈그림 7-11〉

<표 7-4> 국가별 인구 순위

(단위: 백만 명)

순위	2005년		2050년	
	국명	인구	국명	인구
1	중국	1,316	인도	1,593
2	인도	1,103	중국	1,392
3	미국	298	미국	395
4	인도네시아	223	파키스탄	305
5	브라질	186	인도네시아	285
6	파키스탄	158	나이지리아	258
7	러시아	143	브라질	253
8	방글라데시	142	방글라데시	243
9	나이지리아	132	콩고	177
10	일본	128	이디오피아	170

<자료 : UN, 「World Population Prospects」The 2004 Revision>
통계청 「장래 인구 추계」2005

의 중국 인구구조와 바로 앞 <그림 7-14>의 인도의 인구구조를 비교해 보면 그 이유를 알 수 있을 것이다. 이 인구구조의 차이는 2050년이면 위의 <표 7-4>처럼 양국의 인구규모의 순위를 뒤바꾸면서 경제력의 순위에도 변화를 줄 것으로 전망되고 있다.

그리고 인도는 역사적 배경이 말해 주듯이 다문화를 이해하고 영어를 구사하는 인구가 많아 향후의 글로벌 추세에 따른 지식산업에도 유리하고 정치적으로도 중국보다 안정돼 있어 중국보다 장기적으로 성장에 더 유리한 편이다.

아울러 소련이 붕괴된 이후 세계 정치의 축이 미국과 중국으로 변화됨에 따라 미국과 중국의 대결 구도 속에서 중국을 견제하려는 미국과 미국의 패권에 맞서려는 중국 양국이 인도에 협력을 강화하려고 노력하고 있는 것도 인도에는 유리한 상황이다.

다만 인도는 소프트웨어 중심의 IT산업이 발달돼 있고 제조업이 취약한 것이 약점으로 지적되고 있는데 이 같은 산업구조 개선이 추구되어야 할 것이고 심각한 관료주의 풍조와 열악한 사회간접자본 그리고 아직도 낮은 수준인 경제 개방 등 문제점들이 개선되어야 할 것이다.

그러나 어느 나라이든 경제체제가 완벽한 경우는 없으며 성장 과정에서 문제점을 안고 있는 만큼 인도도 이런 문제점들이 성장에 결정적 장애 요인이라고 볼 수는 없을 것이다. 이들 문제점을 하나하나 해결하면서 경제 발전을 해 나간다면 인도 경제의 장래는 매우 밝고 장래에 세계 경제를 견인하는 경제대국이 될 것이다.

이상과 같이 인도는 세계 어느 나라보다 경제와 주가의 장기 전망이 낙관적인 나라다. 따라서 자산의 장기 포트폴리오 구성에서 인도는 빠뜨릴 수 없는 나라다. 인도 주식은 지금부터도 좋은 투자자산이며 2010년 이후에도 일본주식과 함께 국내주식을 대체할 유망 투자대상 자산이다.

04 미국발 주가 폭락은 언제쯤일까?

지금까지 살펴 본 바와 같이 인구구조의 급격한 변화에 의해서 주가가 폭락한다면 그것이 언제쯤일 것인가? 이것만 알 수 있다면 아무에게도 말하지 않고 주식으로 거부가 될 수 있을지도 모른다. 하지만 다행인지 불행인지 이것을 정확하게 알 수가 없고 현재로서는 아무도 정확한 일시는 모를 것이다.

이 책에서는 정확한 일시를 예언할 수는 없고 단지 과거의 폭락 사례를 통해서 2010년 무렵의 폭락 시기를 유추해 보기로 한다.

1929년 10월의 미국 주가 폭락

자동차 산업의 대호황 바람을 타고 하늘 높은 줄 모르게 치솟

던 미국의 다우지수는 1929년 9월 3일 381.17을 끝으로 다음 날부터 조금씩 하락하기 시작하더니 1929년 10월 17일부터 폭락세를 나타내기 시작했다.

이 폭락세는 1932년 9월 8일까지 계속됐고 당시 미국과 세계에는 경제 대공황이 엄습했다. 미국의 많은 기업이 문을 닫았으며 거리에는 실업자가 넘쳐 났다. 그리고 주식을 보유하고 있던 사람들은 전 재산을 허공에 날리고 파산자 신세가 됐다.

1987년 10월 19일의 블랙 먼데이

1987년 10월 19일의 블랙 먼데이는 경제 호황기에 발생했다. 그리고 주가 폭락이 발생한 후에도 실물 경제는 별다른 문제없

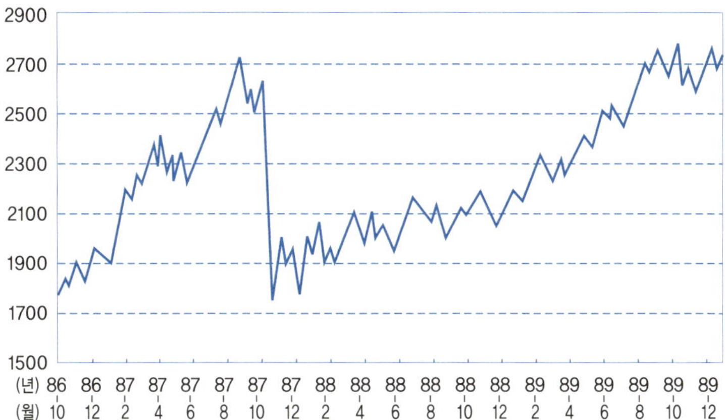

〈그림 7-16〉 블랙 먼데이 전후의 다우지수 추이

이 잘 운영되었다. 앞 주 금요일인 10월 16일 2,246.73이었던 지수는 이날 1,738.74로 대폭락을 했다. 하루에 무려 507.99 포인트가 하락해 하락률은 22.6%나 됐다.

대공황과 블랙 먼데이의 차이점은

먼저 미국의 경기 기준순환일을 발췌 정리한 〈표 7-5〉를 보자.

다음 〈표 7-5〉를 보면 제 9순환기에 속한 1929년엔 경기 정점이 이 해 8월이었다. 실물경기가 이미 천정을 지난 것이다. 자동차 산업의 발전에 힘입은 1920년대의 대호황은 1929년에 들어서자 공황의 조짐을 보이기 시작했다. 물론 당시 사람들은 대부분 눈치 채지 못했다. 이해 봄부터 자동차 생산이 둔화되기 시작하면서 자동차 주가의 하락이 동시에 발생했다. 당시 경제

<표 7-5> 미국의 기준순환일

(단위: 월)

순환 주기	경기전환점			순환기간		
	저점	정점	저점	확장	수축	전순환
제9순환	1927.11월	1929.8월	1933.3월	21	43	64
제20순환	1982.11월	1990.7월	1991.3월	92	8	100

<자료 : NBER>

성장의 엔진 역할을 하던 자동차 산업에 이상이 생기기 시작한 것이다.

1920년대 증시의 주도주로 기술주 역할을 했던 자동차 주가는 이전 3년 동안 연평균 50%씩 오르는 기염을 토했으나 1929년 3월에 정점을 기록하더니 9월까지 15%나 떨어졌다. 이미 경기가 하강할 조짐을 보이고 있었고 이해 9월 이후 경기가 후퇴하면서 거품이 급속하게 빠지기 시작한 것이다.

그러나 블랙 먼데이가 속한 1987년의 10월은 실물경기가 호황을 누리는 중이었다. 이때 이후에도 경기는 거의 3년간 확장국면을 지속했음을 알 수 있다.

<그림 7-15>와 <그림 7-16>에서 보듯이 폭락시의 직전과 직후 주가의 움직임은 흡사하지만 실물경제 상황은 판이하게 달랐던 것이다. 제레미 시겔은 블랙 먼데이가 대공황과 달랐던 이유를 미 통화당국의 신속하고도 적절한 조치로 설명하고 있다. 물론 이것도 중요한 이유일 것이다.

그러나 필자는 경기가 내리막길로 접어들었을 때의 폭락과 상

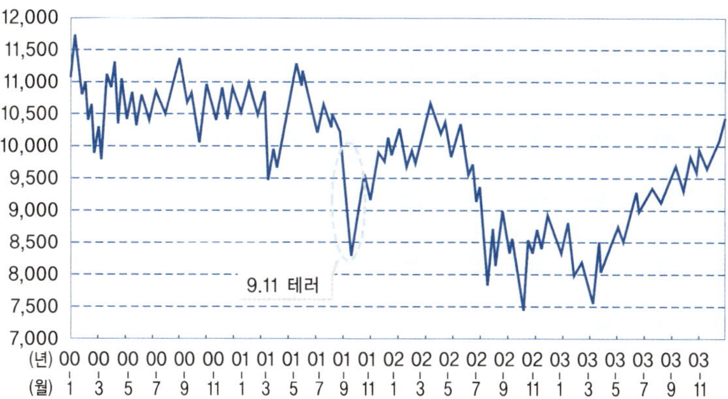

〈그림 7-17〉 2001년 9.11테러 전후 다우지수 추이

승 가도를 달릴 때의 폭락이 다른 결과를 가져 왔을 것이라고 생각한다. 통화당국의 적절한 조치와 함께 1929년의 정책 실수가 반면교사가 되었을 것이다. 펀더멘털의 양호함이 갖춰진다면 폭락사태는 그야말로 일시적인 시장의 오판으로 그치고 다시 펀더멘털을 정상적으로 반영하여 제자리를 찾게 되는 것이다.

2001년 9. 11 테러

2000년 미 대통령 선거에서 민주당 고어 후보에게 어렵게 승리한 부시 정권의 취임 첫해인 2001년 9월 11일, 미국 뉴욕의 무역센터 쌍둥이 빌딩에 알 카에다의 단원에 의해 납치된 미 여객기가 돌진하는 테러가 발생하면서 미 주가가 폭락했다.

이날 주가는 전날 9,605.51에서 폭락사태를 보여 거래가 중단됐고 9월 17일 다시 개장되었을 때는 8,920.07을 기록했다.

이후에도 주가는 엔론을 비롯한 미국 주요 기업들의 회계부정 사건이 연이어 터지면서 약세를 면치 못했다.

미국의 주가폭락은 사실상 9월이 시발

미국의 주식시장 폭락이 발생한 시기를 보면 공교롭게 모두가 10월이다. 9.11 테러는 시장 내적 요인이 아니기 때문에 제외하면 1929년과 1987년은 모두 10월에 일어났다. 그러나 이 두 번의 폭락도 엄밀히 말하면 이미 그 해 9월 초부터 하락을 시작했고 폭락의 징후를 보이고 있었음을 〈그림 7-15〉와 〈그림 7-16〉를 통해 확인할 수 있다.

그래서 폭락은 사실상 9월부터 시작됐다고 볼 수도 있는 것이다. 이렇게 상황을 종합하면 9.11 테러까지 포함할 경우 미국의 주식시장 폭락은 시장 내외적 요인을 막론하고 모두 9월에 일어난 셈이다.

일본의 주가 폭락

일본경제는 영광의 80년대를 마감하고 대망의 90년을 맞았으나 주가폭락을 선물(?)로 받게 된다. 89년 12월 말 폐장 때 38,916이었던 니케이 평균 지수가 90년 1월 4일 첫 개장 때 202 포인트나 하락한 38,713으로 마감됐다.

이후 주가는 지칠 줄 모르고 떨어지면서 일본을 10년 불황에 빠뜨리게 된다.

미국발 주가폭락은 2010년 9~10월일 수도…

이상의 세계 주요 주가 폭락 시기를 분석해 보면 매우 흥미로운 사실을 발견할 수 있다. 미국은 대폭락이 10월에 발생했지만 사실상 9월 초부터 시작됐다는 점, 그리고 일본은 연초에 폭락이 시작됐다는 점이 그것이다.

그런데 미국의 대부분 기업이 회계연도가 9월에 시작된다는 것과 학교의 신학기도 9월에 시작된다는 점을 감안하면 새로운 회계연도가 시작될 때 폭락이 일어났다는 얘기가 된다.

이것을 좀더 유추해 보면 8월 말로 기업의 실적이 마감되고 8월경이면 기업의 실적에 대한 예상치가 소문 그리고 증권사 등 기관의 예상 보고서로 주식시장에 전해진다. 이 정보를 접하는 투자자들은 당시 주가와 실적을 비교해 평가하게 되고 또 배당 실적과 비교하여 주가가 과대평가 되었다고 판단되면 차익 실현 및 손실 예방을 위해 주식을 매도한다. 이 매도세가 점점 확산되어 주식투자자의 심리를 지배하게 되었을 때 대규모 폭락이 일어나게 되는 것이다.

이 점을 일본에 적용시켜 보면 역시 12월 실적 마감과 연초의 주식 매도 및 폭락이 의미를 갖는 것이다. 이런 점들을 종합하여 판단해 보면 역시 단언할 수는 없지만, 확률적으로 2010년

베이비부머의 은퇴 행렬 종료와 함께 시작될 미국발 주가 폭락
은 9월에서 10월 사이에 일어날 가능성을 예상해 볼 수 있을 것
이다.

05

미국의 주가폭락 충격을 완충시키려면

시장을 개방하고 신흥시장에 적극 진출해야

미국 경기 위축과 주가 폭락 충격을 완충시키기 위해서는 향후 한국은 중국과 인도를 위시한 아시아 그리고 러시아와 중남미 지역 외 기타 지역에의 수출 비중을 높이고 이들 지역에 적극적으로 진출해야 할 것이다.

2010년 경에 중국과 인도는 훌륭한 미국의 대안이 될 것이다. 만일 해리 덴트의 예언대로 1929년의 대공황과 같은 사태가 초래된다면 시장 개방을 지연시키면서 중국, 인도 등 신흥시장에 적극적으로 진출하지 않을 경우 우리 한국경제의 미래는 매우 어둡게 될 것이며 주가는 90년대 일본의 전철을 밟게 될 것이다.

또 다른 완충 대책은 적극적 역이민 정책 추진

미 주가 폭락과 수출 감소 충격을 줄이고 내수기반을 확충해 잠재성장률을 높이기 위해서는 '역이민 정책' 추진이 적극적으로 추진되어야 한다.

무슨 말이냐 하면 중국과 러시아 및 중앙아시아 등지에 살고 있는 우리 동포들의 국내 정착을 적극 추진해야 한다는 얘기다. 지금 출산 장려책을 시작하고 있고 더 강도 높은 출산 장려 정책이 시행되겠지만, 이미 개인주의 가치관이 뿌리 깊어진 젊은 세대들이 빠르게 출산을 늘리지는 않을 것이다.

설사 출산이 증가한다 치더라도 지금부터 출생하는 신생아들이 경제활동을 시작하려면 최소한 25년 정도를 기다려야 하는데 그 사이에 인구 감소에 따른 경제적 손실은 막대할 것이다. 그 사이에 노동력 부족을 보완함과 동시에 소비인구 유입으로 경제성장률을 유지하면서 주가의 큰 하락도 대비하기 위해서는 역이민 정책이 가장 효과적인 정책 대안이다.

이스라엘처럼 해외에 거주하고 있는 동포들이 국내로 이주하여 정착해서 살 수 있도록 지원해 주고 이들을 우대해야 할 것이다. 특히 중국에 거주하는 조선족과 탈북 동포의 이주를 적극 추진하여 부족한 국내 노동력을 보충하고 경제 성장률도 유지해야 한다고 본다.

중국과 러시아 및 중앙아시아에 거주하는 동포들이 누구인가? 일제 치하에서 조국의 광복을 위해 풍찬노숙(風餐露宿)하던 분들의 후손이 아닌가? 일본의 교포들도 일제에 의해 강제로 징병, 징용으로 끌려간 분들의 후손들이다. 그때에야 고향에 있어도 다 고초를 겪었지만 그래도 고향을 떠나 이국을 떠돌며 조국의 광복을 위해 투쟁하던 분들만 했겠는가?

그런데 지금 우리가 그들보다 경제적으로 여유가 있다고 그분들의 후손인 우리 동포들을 홀대한다면 이 얼마나 몹쓸 짓인가? 지금 국내에서 '코리안 드림'을 꿈꾸며 일하는 동포들을 따뜻하게 대해야 하겠지만 해외 동포들에 대해 정부도 국적 문제와 지위 문제에 대해 우호적인 자세가 필요하고 지금부터 해외 동포의 국내 정착을 서둘러야 한다.

지금 프랑스의 소요 사태와 호주의 인종충돌로 대표되고 있는 유럽의 이민자 문제는 결코 남의 일이 아니다. 다수 민족이 외부에서 편입되는 소수 민족을 소외시키는 것은 자본주의 국가나 사회주의 국가나 마찬가지다. 미국의 노예제도와 이민 정책, 프랑스의 북아프리카인 이민, 독일의 과거 한국인 광부와 간호사 이민, 그리고 근래의 터키인 이민 등은 자국의 노동력 부족을 노예나 이민으로 충족시켜 경제성장을 유지하려는 것이었다. 이렇게 이주한 소수민족이 주류에 쉽게 동화하지 못하는 것은 당연한 현상이다. 주류사회로부터 받는 소외감과 차별은 갈등을 일으키고 결국은 소요사태로 표출될 수밖에 없다.

곧 닥쳐 올, 아니 이미 진행중인 우리 한국의 노동력 부족과 관련해서도 정부는 진지한 자세를 취할 필요가 있다. 외국인에게도 '코리안 드림'을 이룰 수 있도록 차별을 방지하는 한편 해외 동포의 역이민을 추진해야 한다. 우리 동포의 역이민을 소홀히 할수록 타민족의 입국과 취업은 막을 수 없다. 밀입국 문제도 지금 수준을 넘어서 더 심각한 사회 문제가 될 것이다. 왜냐하면 부족한 노동력은 채워야 하니까. 이것이 시장 원리다.

이런 부작용을 최소화하고 경제력을 유지해 가는 최선의 방안은 해외 동포들의 역이민이 최선이라고 생각한다. 가능한 수준까지 최대한으로 가급적 빨리 추진되어야 할 것이다.

그러나 독자 분들이 유념해야 할 점은, 이것이 아직은 필자의 사견일 뿐으로 정부가 이런 정책을 구체적으로 추진할지 여부는 불투명할 뿐만 아니라 추진한다 하더라도 2010년 이전에 본격적인 시행에 들어가기까지는 무리라는 것이다. 따라서 현재의 인구구조 하에서 향후의 주가를 예측하고 투자전략을 실행해야 할 것이다.

06

2010년 이후엔
희망이 없는가?

지금까지 설명한 내용을 종합해 보면 우리 한국 주가가 2008~2009년까지 강하게 상승하고 그 이후에는 더 이상 상승 추세를 지속하지 못한 채 크게 하락할 가능성이 크다. 그 다음에 2015년 무렵에 다시 한 번 상승한 다음에는 수년에 걸쳐 하락할 것으로 예측되는데 그 근거는 다음과 같다.

베이비부머의 은퇴 후 소비 문제

모딜리아니의 생애주기 가설에 따르면 개인은 은퇴 전에 노후를 대비하여 저축을 하고 은퇴 후에는 저축을 하지 않으면서 소비만 한다는 것이다. 그러나 최근 우리나라의 통계는 과거와 달리 50대 이상 가계의 저축률이 매우 높게 나타나고 있다.

왜 생애주기 가설과 다른 현상이 나타나는 것일까? 물론 학설이 논리 전개를 위해 가정을 단순화해야 한다는 점도 있지만 베이비 붐 이전 세대와 이후 세대의 은퇴 후 소비행태가 다를 것임을 의미한다고 필자는 생각한다.

베이비 붐 이전 세대의 노인은 은퇴 당시에 퇴직금을 받으면 별다른 걱정이 없었다. 고령화 문제도 없거나 심각하지 않았고 노후가 크게 불안하지 않았다. 그래서 은퇴 후 여유 있는 생활이 가능했다. 설사 오래 가지는 않는다 하더라도 은퇴 직후 몇 년간은 여유 있는 소비가 가능한 것이다.

그러나 베이비 붐 세대는 얘기가 다르다. 저축을 잘 하여 충분한 은퇴 자금을 손에 쥔 사람이라 하더라도 소수의 부자가 아니면 이들 세대는 마음을 놓을 수가 없다. 고령화 문제가 발등의 불이기 때문이다. 자산가격 하락 문제도 있고 연금 지급 조건이 불리해지는 문제도 도사리고 있다.

여기에 설상가상으로 작용하는 것은 실버 구직자들이 대량 출현한다는 사실이다. 이것은 IMF 때처럼 은퇴자들이 자영업 시장에 대거 진출할 것임을 의미한다. 이는 자영업 환경이 악화되는 것과 함께 취업자의 경우는 임금이 크게 하락할 것을 예고한다. 베이비 붐 세대 은퇴자들은 퇴직금을 손에 쥐어도 여행을 간다거나 휴식을 취할 여유가 거의 없을 것이다.

고령화 문제가 아니더라도 은퇴자들이 돈을 마음 놓고 쓰는 기간은 수년에 불과할 뿐이다. 일을 하면서 길어지는 수명을 대비하여 또 다시 저축을 해야만 한다. 건강 관련 비용 외에는 소비를 줄이지 않으면 안 된다.

결론적으로 베이비 붐 세대 이전의 노인들은 은퇴 후 수년간은 소비를 여유 있게 할 수 있었지만 이 세대는 상황이 다르고 소비를 아껴야만 할 것이다. 그 결과 경제 전체적으로 소비 감소가 불가피하고 경기의 하강을 불러올 중대한 변수가 된다. 당연히 주가 하락의 원인으로 작용한다.

미국과 중국경제 변수

미국의 경제력 약화와 2010년의 충격을 중국이 완충시켜 줄 수 있을 것인가? 만일 이렇게 된다면 우리에겐 더할 나위 없이 행복한 상황일 것이다. 한국의 최대 수출 대상국인 중국의 경제가 잘 성장해 준다면 미국경제가 침체되더라도 한국은 수출 감소를 겪지 않아도 될 것이기 때문이다.

그런데 문제는 중국경제가 오랜 기간동안 고도성장을 기록하긴 했지만 내수가 부진한 상태에서 고정자산 투자와 수출 중심으로 성장을 성장해 왔다는 점이다. 인구대국이라는 면모에 걸맞지 않게 무역의존도가 70% 수준이나 되고 과도한 고정자산 투자는 공급 과잉을 비롯해 부실 투자 등 불균형을 낳고 있다.

이런 경제상황 속에서 2008년의 북경 올림픽과 2010년의 상하이 엑스포 개최는 이때까지 중국이 경제성장을 지속하겠지만, 이 두 행사 특히 북경 올림픽 개최 후에는 중국경제의 경착륙 가능성이 대두되고 있다.

2005년 10월, 신라호텔에서 개최된 세미나에서 삼성경제연구소 중국 사무소장이 2010년 중국의 경제성장률이 5%대로 떨어질 가능성이 있음을 지적한 바 있는데 만일 중국이 9%대의 성장률에서 5%대로 무려 4% 정도 성장률이 떨어진다면 이것은 경착륙이 될 것이다.

앞에서 본 바대로 중국은 지금도 그렇고 앞으로도 상당 기간 동안 한국의 최대 수출 대상국일 것이기 때문에 중국경제의 경착륙은 우리 경제에 미치는 여파가 작지 않을 것이다. 더욱이 미국의 경기 침체는 중국의 대미 수출을 격감시켜 중국의 경제를 더욱 어렵게 만들 것이며 이것이 우리 한국경제에 전달될 것이다. 경제 불황의 파고가 겹치는 셈이다.

그래서 우리 입장에서도 중국이 경제를 잘 관리해 줘야 한다. 다행히도 중국 정부가 내수를 확충하는 쪽으로 경제 정책의 방향을 잡고 있어서 향후 점차 중국은 내수 기반이 확충될 것이긴 하다. IMF도 중국에 투자를 줄이고 소비를 늘리라고 권고 한 바 있다.

그러나 정부가 지금 내수를 늘리기 위해 노력하고 있지만 이 노력이 즉시 효과를 나타내기는 어려울 것으로 분석되고 있다.

농촌의 소득이 증가하고 그 효과가 소비 증가로 이어지기까지는 상당한 시간이 필요하기 때문이다. 중국 정부의 재정적자 문제도 있고 대다수 인구가 거주하고 있는 농촌 인구의 소득이 실질적으로 증가해야 하기 때문에 빠른 시간 내에 이 문제가 해결되어 중국 내 공급을 소화하면서 미국발 불황 파고를 막아 줄 가능성은 낮아 보인다. 다음의 〈그림 7-18〉과 같은 과정이 전개될 가능성이 큰 상황이다.

〈그림 7-18〉 미국 경기 위축의 국제적 예상 파급 경로

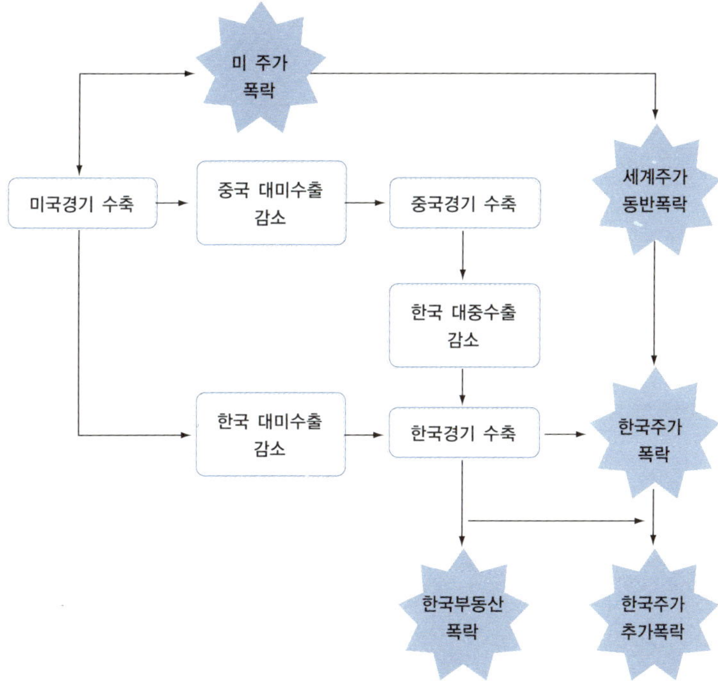

그러면 2010년 이후엔 희망이 없는가?

전혀 그렇지 않다. 2009년 무렵까지 주식으로 자산을 축적해 둔 사람에겐 이 경제 위기가 오히려 기회가 된다. 강세장의 주식만큼은 못하지만 채권으로 안정적 자산 증식을 할 수 있다. 주가가 크게 하락하면 할수록 이때 채권은 높은 수익을 내 줄 것이다. 그리고 이번처럼 큰 산은 아니겠지만 주가가 상승하는 작은 봉우리들이 있을 것이다.

이때의 위기를 지나서 2015년 이후 중국이 경제를 잘 관리해서 명실상부하게 세계경제를 견인하게 되면 역시 이번만은 못하더라도 우리 주가는 다시 한 번 큰 폭의 상승을 누릴 가능성도 있다. 이때는 인도가 한몫 거들지 않겠는가?

필자의 희망사항이지만 지금부터라도 다음의 세 가지 조건이 충족된다면 우리 주가가 2010년의 주가하락을 최소화 하고 빠르게 회복할 수도 있을 것이다. 이런 대비가 잘 이뤄져 필자의 예측이 틀리기를 바라고 그렇게 된다면 필자도 더할 나위 없이 기쁠 것이다.

① 해외동포 등의 '역이민 정책'을 적극 추진

② 중국의 내수가 빠르게 증가해 중국경제의 무역의존도가 낮아지고 연착륙 후 지속적 성장

③ OECD 외에 BRIC's 등 신흥시장으로의 수출 다변화에 성공

　이런 조건이 갖추어지려면 FTA 협상과 비준에 속도를 더 해야 하고 시장 개방과 함께 세계화를 가속화 해야만 한다. 약소국이라는 피해의식에 사로잡혀 문을 닫아걸고 '양극화 해소'라는 미명하에 '분배 타령'에 매달릴 때가 아니다. 시장개방과 경제 성장에 더 박차를 가해야 한다.

　특히 인도의 사례에 비추어, 2010년까지 우리 한국이 어떤 경제정책을 추진하느냐에 따라서 앞으로 경제강국으로 도약할 것인지 아니면 다시 후진국의 나락으로 추락할 것인지가 갈릴 것이다.

　지금 인도시장은 현대자동차의 포스코, LG전자, 삼성전자 등 우리기업이 일본기업에 비해 선점위치에 서 있는 상태다. 이 원인은 지난 1990년대에 일본이 고령화로 인해 10년 불황에 시달리며 인도 등 해외시장을 적극적으로 개척하지 못하는 반사이익을 누렸기 때문이다.

　앞으로 2010년까지 BRIC'S를 비롯한 해외시장개척과 경제성장을 소홀히 하면 다가오는 고령화 폭풍에서 한국경제는 헤어나지 못하고 선점한 시장을 다시 일본에 빼앗기면서 우리 국민은 불황의 늪에서 헤메게 될 것이다.

07

앞으로
한국 주가의 상승 속도는?

앞으로 우리 한국의 주가가 어떤 속도로 상승할 것인지를 미국과 일본의 주가지수를 참고로 가늠해 보도록 하자. 〈표 7-19〉에 일본의 니케이 평균 지수와 미국 다우지수가 각 지수 수준에 도달하기까지 소요된 기간이 표기되어 있다. 두 지수를 보면 시간이 흐름에 따라 같은 폭의 상승에 걸리는 시간이 매우 짧아짐을 확인할 수 있다.

주가가 지루한 박스권을 탈피해서 상승을 향한 모멘텀을 받게 되면 탄력을 받은 주가는 그 상승 속도를 예측하기가 어려울 정도다. 우리 주가도 향후 3~4년간 같은 모습을 보일 가능성이 매우 크다.

이것이 믿기 어렵다면 '80년대 후반 5년간의 일본 주가의 상

<표 7-19> 미국과 일본의 주가지수 상승 속도

일본 니케이 평균 상승 속도			미국 다우지수 상승 속도		
지수	도달일시	소요기간	지수	도달일시	소요기간
1,000	1960. 2월	11년 10월	1,000	1972.11. 14	76년
2,000	1969. 5월	9년 7개월	2,000	1987. 1. 8	14년
3,000	1972. 2월	2년 9개월	3,000	1991.4. 17	4년
5,000	1972. 12월	10개월	4,000	1995.2. 23	4년
10,000	1984. 1.10	12년	5,000	1995.11. 21	9개월
15,000	1986.3. 21	2년 2개월	6,000	1996.10. 14	11개월
20,000	1987.1. 30	10개월	7,000	1997.2. 13	4개월
25,000	1987. 6. 3	5개월	8,000	1997.7. 16	5개월
30,000	1988.12. 27	1년 6개월	9,000	1997. 6. 4	9개월
35,000	1989.8. 16	8개월	10,000	1999. 3 29	12개월
38,000	1989.12. 14	4개월	11,000	1999. 5. 3	1개월

<주 : 음영 부분이 박스권 통과 기간>

승 속도를 보고 현재 우리 경제가 80년대 후반 일본과 비슷한 상황임을 참고하면 2008~2009년까지 주가가 어떤 속도로 상승할지 가늠이 되리라 생각한다.

<표 7-20> 한국의 예상 주가 상승 속도

지수	도달 일시	소요시간	비 고
1,000	1989. 3. 31	32년	
1,500	2006. 12월(?)	17년(?)	추정
2,000	2007. 12월(?)	1년(?)	추정
2,500	2008. 12월(?)	1년(?)	추정
3,000 이상	2009. 6월(?)	6월(?)	추정
3,500 이상	2009. 12월(?)	6월(?)	추정

<주 : 2009년 이후의 주가지수는 2008년까지의 확률보다 낮다는 점을 유의해야 함.>

차기 대권주자 채권

Baby Boome

8

1. 2009년까지 채권투자는 조심하라
2. 2010년 이후는 채권시대

s Economics

01 2009년까지 채권투자는 조심하라

앞으로 경기가 확장됨에 따라 금리는 상승할 것이다. 〈그림 8-1〉과 같이 이미 미국은 2006년 4월 현재, 2004년 6월 이후 15 차례에 걸쳐 정책금리를 인상했고 한국도 수차례에 걸쳐 콜금리를 인상했으며 유럽중앙은행도 2005년 12월 이후 경기 확장에 맞춰 정책금리를 인상하는 추세다. 일본도 경제가 디플레이션에서 벗어나면서 정책금리 인상을 시사하고 있어 2006년 하반기 이후엔 금리인상이 확실시 되고 있다.

2006년 4월 현재 각국의 정책금리는 한국의 콜금리가 4.0%이고 미국의 연방기금 금리가 4.75%, EU의 정책금리가 2.5%이며 일본의 공정할인율은 0.1%이다.

우리 한국의 경우 물가 상승 압력 외에도 자산가격의 거품을

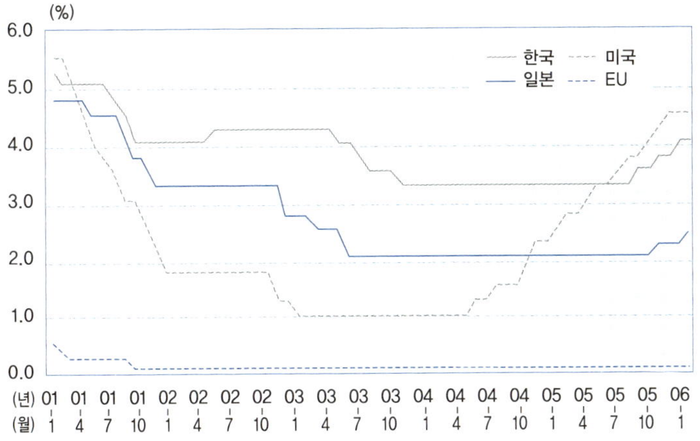

〈자료 : 각국 중앙은행〉

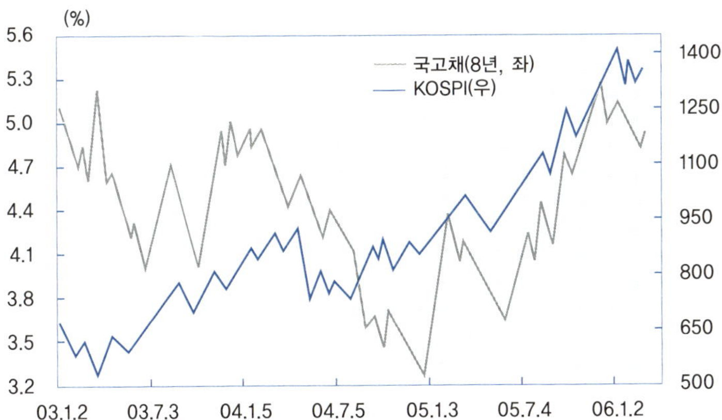

예방하기 위해 단계적인 정책금리 인상을 단행할 것이다.

2008~ 2009년까지 한국의 금리는 주가와 동반 상승하면서 콜

금리 기준으로 5.5~6.5% 수준이 될 것으로 예상된다.

2006년 상반기엔 환율의 급격한 하락으로 수출부진이 우려되면서 주가가 불안정하고 금리가 하향 안정 기조를 보이겠지만 이 현상은 오래 가지 않을 것이다. 왜냐하면 당장은 환율 하락으로 우리 수출상품의 가격경쟁력이 불리해지지만 곧 이를 만회하고 수출이 증가될 수 있는 품질 경쟁력을 갖추고 있기 때문이다.

미국의 경기도 확장 중

게다가 앞에서 확인한 내용대로 미국의 경기도 확장 중이고 중국도 2008년의 북경 올림픽 개최 때까지는 호조를 보일 것이며 일본과 유럽의 경기도 역시 마찬가지다. 이 추세가 2009년이나 2010년까지 계속될 것이기 때문에 그때까지 수출에 결정적 악재는 없을 것으로 보아야 할 것이다.

미국의 경우 베이비 붐 세대의 왕성한 소비력을 바탕으로 2009년~2010년까지 경기가 확장될 것으로 전망되고 있기 때문에 2004년 이후의 금리 인상은 소비를 적절히 조절하는 작용을 하고 있을 뿐이며 앞으로도 소비를 서서히 증가시키면서 확장국면을 연장시키는 작용을 하게 될 것이다.

2010년쯤까지 금리 오를 것.

앞으로 각국 중앙은행은 경기를 조절하기 위해 정책금리를 인상하게 될 것이다. 이미 미국이 선도적으로 금리를 인상하는 과정에 있고 한국을 비롯한 다른 나라들도 금리를 인상 중이다.

경기 조절 목적 외에 자산가격의 거품을 예방하기 위해서도 세계는 금리인상 추세에 본격 들어서게 될 것이다. 2006년 4월까지도 꽤 올랐지만 2007~2010년까지 금리는 계속 오를 것이다.

이렇게 금리가 상승하면 부채가 지레 작용을 해 이자비용을 증가시켜 가계의 소비수요와 기업의 투자수요에 마이너스 영향을 주게 되는데 기어링(Gearing)을 많이 하는 부동산 가격에도 영향을 줘 부동산 경기를 둔화시키면서 소비심리도 억제시키게 된다. 다음 〈표 8-1〉에 금리의 작용이 잘 나타나 있다.

〈표 8-1〉 연방기금금리 1%p 인상 시 소비감소 효과

구분	1년 후	2년 후
GDP	−0.4%	−0.9
주택	−.3.0%	−5.0%
자동차	−1.8%	−3.4%
내구소비재	−1.2%	−2.0%
자본재	−0.7%	−2.0%

〈출처 : 한국은행, 세계경제 조류와 전망〉

금리는 〈표 8-1〉과 같은 작용을 통해 경기만 보고 과도하게 상승하려는 주가를 억제시켜서 적정 속도로 상승하도록 하는 기능을 수행한다. 본래의 목적이든 아니든 이와 같은 작용을 통해 경제의 연착륙을 돕는 것이 금리다.

 향후 장기 실질금리에 대한 OECD의 금리전망 자료로 〈표 8-2〉에서 2010년까지 금리가 전반적으로 어떤 추세를 보일 것인지 가늠해 보면 큰 도움이 될 것이라 생각된다. 장기실질금리 수준이 2005년에 1.84%였는데 2006~2007년에 2.5% 이상이 되고 2008년 이후에는 3% 수준에 오를 것으로 OECD는 전망하고 있다. 이때까지 세계 경제를 대체로 밝게 본다는 얘기다.

〈표 8-2〉 2010년까지 장기실질금리 전망

연도	금리	비고
2005년	1.84%	
2006년	2.58%	
2007년	2.96%	
2008년	3.01%	
2009년	3.02%	
2010년	3.02%	

〈자료 : OECD〉

02

2010년 이후는 채권시대

금리는 통화당국 의지가 중요

그러나 2010년 무렵에 주가가 폭락하게 되면 자산을 채권으로 이전해야 한다. 왜 그런가? 주가가 하락하는 기간에는 반대로 채권가격이 오르기 때문이다.

시장경제 원리가 작동하는 국가에서는 평상시 경기가 확장기일 때 주가가 상승하면서 시차를 두고 금리도 오르고, 경기가 후퇴하기 시작할 때 주가가 하락을 시작한 다음 뒤이어서 금리가 하락하는 것이 정상이다.

주가는 시장의 수급에 의해서 거의 자율적으로 정해지는 반면에 금리는 통화당국의 정책 의지가 크게 작용한다. 통화당국은 통화가치 안정, 즉 물가안정을 최대의 임무로 삼고 있으며 추가로 자산가격의 거품 방지에도 중요한 비중을 두고 있기 때문에 통화당국의 금융정책 방향을 잘 읽어내는 것이 중요하다.

따라서 경기가 확장기라 하더라도 물가상승율이 높지 않으면 금리가 오르지 않을 수도 있고 오히려 생산성 향상이나 유가 하락 또는 최근처럼 저임금을 바탕으로 한 중국의 저가 공산품이 물가 상승을 억제하는 요인으로 크게 작용할 때에는 금리가 오르지 않을 수도 있다.

또한 1970년대 후반처럼 경기가 침체되는데도 고유가 때문에 인플레이션이 발생하게 되면 통화당국이 금리를 인상하게 돼 금리가 상승할 수 있다. 이처럼 금리는 주가와 달리 '인플레이션 압력'을 두려워(?)하는 통화당국의 물가에 대한 태도에 따라서 결정되는 편이다.

2003년 이후 세계경제는 양호한 성장률을 시현하고 있는데도 중국산 저가 공산품이 물가 상승 압력을 희석시키면서 호황에도 불구하고 물가가 안정돼 금리가 상승하지 않다가 유가가 급등하면서 다시 금리가 상승추세에 들어서 있다.

이렇게 경기가 확장됨에 따라 주가와 금리의 동반 상승이 계속되다가 2009~2010년에 주가 폭락하게 되면 금리는 어떤 모습을 보이게 될 것인가? 이에 대한 예측이 바로 서야 우리는 투자전략을 바로 세울 수 있을 것이다.

이를 위해 한국의 1997년 말 외환위기, 일본의 1990년 초 주

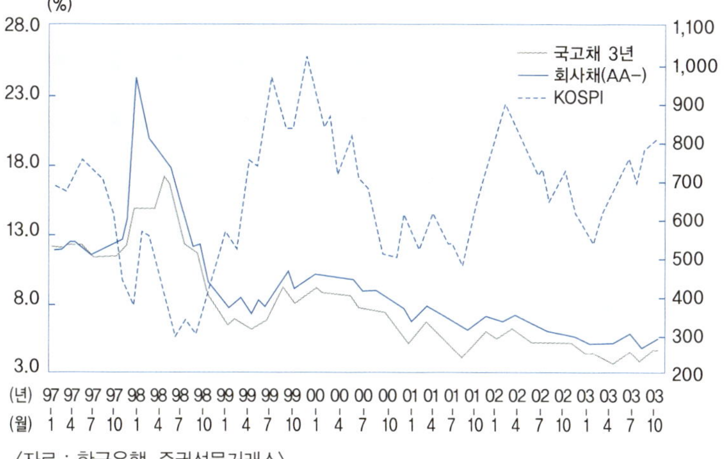

가 폭락, 1929년의 대공황 때처럼 경제에 충격이 가해지면서 주가가 폭락한 세 가지 사례를 분석해 보기로 한다.

한국의 외환위기

1997년 11월 한국의 임창렬 경제 부총리는 IMF에 구제금융을 요청하는 기자회견을 하게 된다. 이로써 한국은 IMF에서 구제금융을 지원 받는 대신에 경제정책을 통제 받게 되었다. 주가는 폭락했고 금리는 반대로 폭등했다.

주가는 1998년 8월까지 300으로 떨어졌고 금리는 1998년 초 20%대를 넘어섰다. 금리상한 제한법이 폐지되기까지 했다. 이렇게 해서 급한 위기를 넘긴 김대중 신 행정부는 기업의 경쟁력

제고를 위해 초고속 금리 인하 행진을 시작한다. 이후 경제가 정상을 되찾으면서 – 정상적인 가처분 소득이 아니라 빚으로 이루어진 것이기는 하지만 – 주가도 급등하고 금리도 하향 추세에 접어들었다.

이것이 의미하는 바는, 경제에 충격이 가해졌다고 해서 모든 것이 끝나는 것은 아니라는 점이다. 1998년 초는 주식과 채권 모두 엄청난 손실을 보는 시기였다. 당시엔 채권펀드에 대해 시가평가가 이루어지지 않아서 시가평가 기준의 채권펀드 수익률 자료가 없지만 아마 있었다면 외환위기 이전부터 시가평가형 채권펀드에 투자하고 있던 투자자는 이때 원금이 다 공중분해 됐을지도 모른다.

그러나 이때에 채권에 투자했던 사람은 엄청난 수익률을 거두게 되었다. 앞의 〈그림 8-3〉에서 보듯이 1998년 초 금리가 폭등했을 때 반대로 채권가격은 완전히 바닥에 떨어진 것이니까 이때 아주 헐값에 채권을 샀으면 빠르게 오른 고가에 채권을 팔아 엄청난 고수익을 올리게 되었던 것이다.

이 대표적인 사례가 당시 금융기관이 인수를 꺼리던 회사채를 중개하여 거둔 엄청난 차익으로 증권사를 인수한 명동의 사채업자 김 모 씨의 일화다. 학력이 높지는 않지만 일찍부터 시장에서 잔뼈가 굵으며 터득한 감각으로 부를 쌓은 것이다.

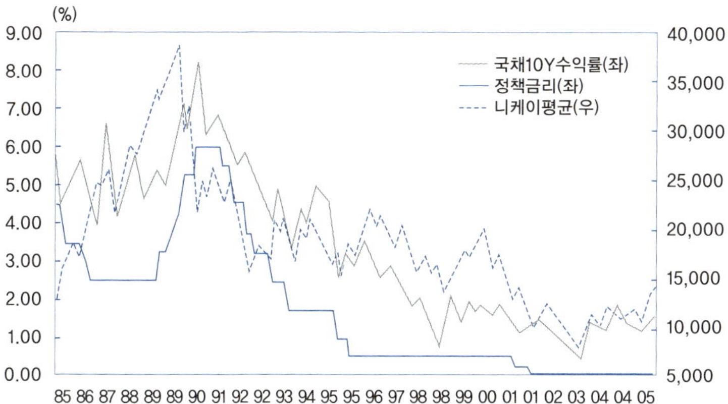

〈자료 : 일본은행, 니케이신문〉

일본의 잃어버린 10년

일본은 '80년대 후반 자산가격 거품이 발생하면서 주가와 부동산 가격이 폭등했다. 일본 주가는 정확하게 1989년 말 38,915.57을 기록하게 된다. 그리고 1990년 새해 벽두부터 내리막길을 치닫기 시작한다. 아니 내리막길을 내달린다기보다 수직으로 추락했다는 표현이 더 적절할 것이다. 그리고 2003년 초까지 하락하여 8,300대까지 떨어졌다.

이렇게 주가가 폭락한 다음 하락을 계속할 때 우리가 채권 투자에서 어떤 결과를 얻을 수 있을 것인가를 알아보는 것은 매우 흥미로운 일이다. 혹자는 채권 투자 수익을 달갑지 않게 생각하기도 하는데 주식의 무서움을 겪어 본 사람이라면 채권투자 수익률에 대해서 고개를 끄덕일 수밖에 없다.

앞으로 우리 한국 주가의 움직임은 1986년 이후 일본 니케이 평균과 비슷한 모양을 보이지 않을까 생각한다. 그런데 재미있는 것은 우리 한국이 외환위기 초기에 그랬듯이 일본도 주가 폭락 초기에는 〈그림 8-4〉에서 보는 것처럼 같이 채권 수익률이 급등했다는 사실이다.

그리고 나서 장기간 주가와 동반 하락했는데 주가가 폭락을 시작한 1990년 1월에 6.67%이던 일본 국채 10년물 수익률이 그해 9월엔 8.28%로 치솟았다. 이것은 월말 지수이기 때문에 일일지수로는 더 높았을 수도 있다. 그리고 그 이후엔 주가와 함께 국채 10년물 수익률이 장기 하락 추세에 빠져 들었다. 참고로 2003년 5월 말에 일본 국채 10년물 수익률은 0.53%에 불과했다.

이것은 무슨 뜻인가? 한국의 외환위기 때와 마찬가지로 주가가 폭락하며 경제에 충격이 가해졌을 때 시장이 일시 마비되며 금리가 폭등하지만 이내 곧 시장이 서서히 정상을 되찾아가면서 제자리를 찾아 하락하게 되는 것이다.

만일 일본에서 80년대 중반 이후에 주식으로 운용하고 89년에 우연이든 시장을 예측했든 장기채권으로 자산을 전환했던 사람은 2000년 시점에서 자산이 몇 배로 불어났을 것이다.

미국의 1929년 주가 폭락

미국의 1929년 주가 폭락 시 채권수익률이 어떻게 움직였는

〈출처 : 주식투자 바이블, 제레미시겔〉

지에 대해서 알아 본 결과 이때의 미국 국채 10년물 수익률도 거의 같은 모양을 보였다. 구체적인 데이터가 없기 때문에 제레미 시겔 교수의 글과 그래프를 인용했다.

[주식투자 바이블 채권금리 변동]

앞의 〈그림 8-5〉에서 1930년 부분을 자세히 보면 일시적으로 뾰족하게 삐쳐 올라간 부분을 확인할 수 있다. 이 기간이 1929년 직후 주가가 폭락을 시작할 때의 채권 수익률 움직임이다. 그러나 이후 장기 국채는 2% 수준까지 단기채권은 거의 제로금리(0%) 수준으로까지 떨어졌다.

이상 3 가지 경우의 주가 폭락기 채권 수익률 움직임을 분석해 본 결과, 우리가 주가 폭락기에는 자산을 채권으로 운용할 경우 상당한 수준의 수익률을 얻을 수 있음을 확인 가능하다. 그리고 주가가 하락 폭이 크면 클수록 채권에서 얻을 수 있는 수익률은 그에 상응해서 높아진다는 점에 착안하면 주가의 하락 여부와 그 폭에 대해서 두려워 할 필요가 없다. 오히려 주가 폭락과 하락은 또하나의 기회인 것이다.

다만 채권을 모르는 사람에겐 주가폭락이 두렵고 공포스러운 현상이지만 주식과 채권을 같이 아는 투자자에겐 회심의 미소를 지을 반가운 일이다. 2010년 이후에는 채권투자를 잘 활용할 경우 연 10% 이상의 제법 높은 수익이 가능할 것이며, 2009년까지 주식으로 노후자금을 저축했거나 여유자금을 증식시킨 투자자는 이 시기에 주가 폭락에도 불구하고 자산이 더 불어나는 재미를 만끽할 것이다.

한국 부동산 불패신화 막 내린다

Baby Boome

1. 부동산이 주식보다 위험하다
2. 1990년대 일본 부동산 폭락의 교훈
3. 미국 부동산도 베이비부머의 영향권
4. 한국 부동산 앞으로는 '필패'인 이유

s Economics

01

부동산이
주식보다 위험하다

부동산 가격도 인구구조와 상관관계가 높다. 한국의 경우 향후 인구구조의 변화로부터 부동산이 주식보다 고강도의 충격을 받게 될 것이다. 왜냐하면 부동산은 경제의 무역의존도와 상관성이 떨어지기 때문이다.

인구구조의 변화로 인해 부동산 가격에 충격이 가해진 가장 대표적인 사례는 일본이다. 일본은 40대 인구가 감소하기 시작한 1990년대 초에 주가 폭락에 뒤이어 부동산 가격의 하락을 경험했다. 이 부동산 가격의 하락 추세는 금융부실과 겹쳐 이른바 '복합불황'을 이루면서 일본을 10여년의 장기 불황의 늪으로 빠뜨렸다.

우리 한국도 만일 일본과 유사한 경우라면 고령화 시대의 도래에 맞춰 대책을 서둘러야 할 것이며 지금 상황이 어떤지 점검이 필요한 시기이다. 부동산 투자자들도 과거만 보고 '부동산 불패' 신화에 젖어 앞으로도 부동산 가격이 오르겠지 하는 막연한 생각을 버려야 한다. 혹시 지금 내가 부동산에 투자하는 것이 상투를 잡는 것은 아닌지 냉정하게 재고해 봐야 한다. 투자는 앞을 보고 하는 것이지 과거를 보고 하는 것이 아니다.

앞으로 우리 한국의 인구구조 변화가 부동산 가격에 어떤 변화를 가져다 줄 것인지를 알아보기 위해 먼저 1990년대 일본 사례를 분석해 보고 다음으로 미국의 경우를 살펴 본 다음 이들 나라의 사례를 바탕으로 향후 우리 한국의 부동산 가격 변동을 전망해 보기로 한다.

1990년대
일본 부동산 폭락의 교훈

〈그림 9-1〉을 보면, 일본은 80년대의 경제성장을 주도했던 40대 연령층이 90년대에 급속히 줄면서 지가를 포함해 부동산 가격이 폭락하고 10년 넘게 장기 하락하게 된다. 이 과정에서 은행의 부실채권이 대규모로 발생하게 되고 정부가 이 부실채권 정리를 소홀히 함으로써 불황이 장기화되었음을 우리는 익히 알고 있다.

1985년 9월 '플라자 합의' 이후 엔화 가치가 급등하자 일본은행이 기업의 수출 경쟁력을 유지하기 위해 금리를 인하하기도 했지만 젊은층 인구의 증가에 따른 주택 등 부동산 수요가 증가하면서 부동산 가격이 거품을 일으키며 급등하게 되었다.

이와 같은 추세 속에서 일본 은행들은 부동산 담보대출을 공

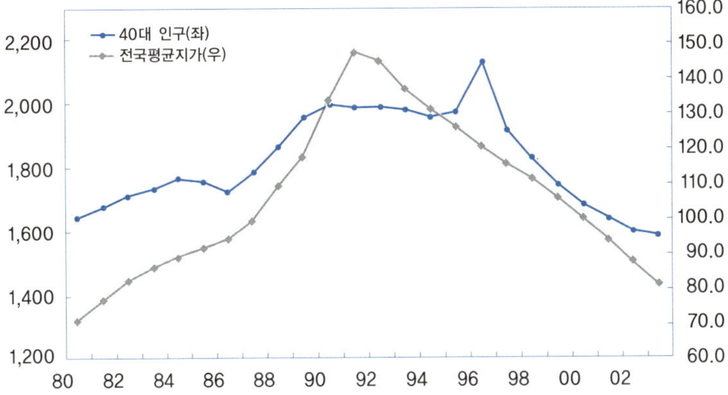

격적으로 확대하게 되고, 가계는 주택담보대출을 이용하여 부동산에 투자하는 과정이 되풀이되면서 부동산에 거품이 형성되었다. 이렇게 해서 '80년대 후반에 주가와 함께 부동산에 거품이 일자 일본은행은 뒤늦게 금리를 인상하는 등 금융긴축 정책을 취하기 시작했지만 긴축 정책을 시작한지 얼마 되지도 않아서 40대 인구가 감소하면서 경기가 후퇴 조짐을 보이자 부동산 가격이 빠르게 하락하기 시작했다.

실제로 1990년 6.0%였던 GDP 성장률이 1991년엔 2.2%로 뚝 떨어졌다. 이는 '90년대에 들어서면서 시작된 40대 인구의 감소가 주요인이다. 40대 인구의 감소로 소비가 줄면서 경기가 후퇴 조짐을 보이자 주가가 먼저 폭락하고 뒤이어 부동산 가격이 하락의 수렁에 빠졌다. 그리고 설상가상으로 저출산과 고령화의 진전에 따른 세대 수 증가세 둔화로 주택 및 택지에 대한 수요가 감소하면서 부동산 가격 하락을 더욱 부채질 하였다.

일본 부동산 가격의 폭락과 거품 붕괴 과정을 더 잘 이해하기 위해서는 앞 제 5 장의 〈그림 5-1〉과 본 장의 〈그림 9-1〉을 같이 보면서 다음의 〈그림 9-2〉를 보아야 한다. 1980년대 후반 단카이 세대 중심의 40대가 증가할 당시 일본은 고령화 지수가 10% 대로 '고령화 사회' 단계였다.

〈그림 9-2〉는 베이비 붐 세대가 40대 연령층을 통과하는 고령화 진전 초기 단계에서는 이들의 수요를 바탕으로 주택을 비롯한 부동산 가격이 상승 압력을 강하게 받으면서 버블이 발생했다가 일정 수준을 지나게 되면 버블이 꺼지면서 가격 폭락 현상이 발생함을 보여주고 있다.

일본은 이런 현상들이 악순환을 거듭하면서 부동산의 수익성

〈그림 9-2〉 일본 주택가격 버블과 고령화 지수

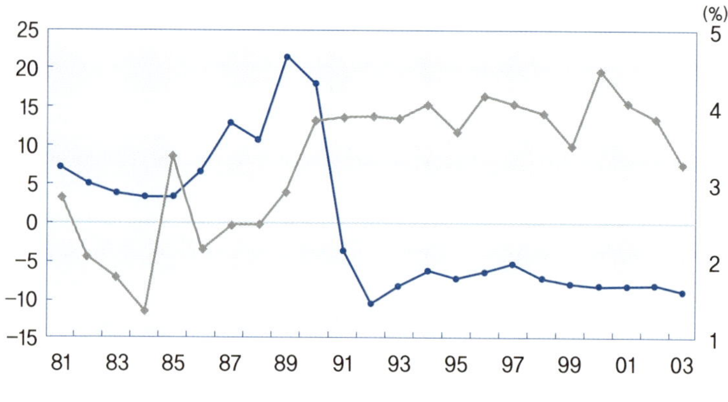

〈자료 : 한국금융연구원〉

을 악화시키게 됐고 그 결과 투자 대상으로서 매력을 잃어 수요도 줄어들었다. 1985년에서 2002년 사이에 폭락장세에도 불구하고 주식의 평균 수익률이 3.04%이고 예금은 1.57%인데 비해 토지는 △0.31%로 나타났다.

이와 같은 뼈저린 10년 불황의 터널을 빠져 나오고 있는 일본은, 금융권의 부실채권 정리가 완료되고 2003년부터 서서히 증가하는 40대 인구를 바탕으로 소비가 회복되면서 경기가 회복되고 있다. 경기가 살아나면서 자신감을 찾은 기업이 투자를 늘리고 또 기업의 투자로 인해 소비가 늘면서 주가와 함께 〈표 9-1〉처럼 부동산 가격이 대도시 상업지를 중심으로 상승하고 있다.

〈표 9-1〉 2006년 공시지가 변동률

지역	주택지	상업지
도쿄도	0.8	2.9
도쿄권	−0.9	1.0
오사카권	−1.6	0.8
나고야권	−1.3	−0.9
전국평균	−2.7	−2.7

〈자료 : 일본국토교통성〉
〈출처 : 매일경제신문 2006.3.25〉

03 미국 부동산도 베이비부머의 영향권

미국도 인구구조와 경기가 부동산 가격에 매우 큰 영향을 미치는 대표적인 사례에 속한다. 미국은 아직 일본과 달리 부동산 가격의 장기 하락이 발생하지는 않았다. 그러나 미국도 40대 인구의 변화로 2010년을 기점으로 부동산 가격이 본격 하락 추세를 보일 것으로 예측되고 있다.

미국의 부동산 가격은 이미 2004년부터 거품 논쟁이 일고 있는 중이다. 이후 부동산 거품 붕괴는 쌍둥이 적자와 함께 2006년 미국경제에 대한 우려의 중요한 축을 이루고 있다. 다음 〈그림 9-3〉에서 보듯이 미국의 주택가격은 1975년 이후 줄곧 상승 중이다. 심지어 2001년과 2002년의 주가 폭락과 경기 침체 시기에도 주택가격은 계속 올랐다.

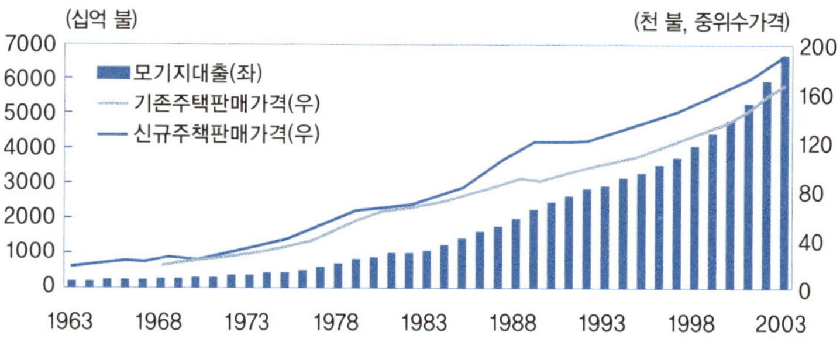

〈자료 : 미 연준, 전국부동산 중개인협회, 상무부〉
〈출처 : 세계경제 조류와 전망〉

일반적으로 주식과 유동성 면에서 차이는 있지만 부동산 가격도 경기가 호황일 때 상승하고 침체기에는 하락하게 되는데 미국 주택가격은 경기에 아랑곳 하지 않고 상승 가도를 계속 달리는 중이다. 이렇게 가격이 치솟다 보니 장기 평균 수준 이상의 가격 추이를 보이고 있어 거품 논쟁이 일고 있고, 2004년 이후 연이어 인상된 미국의 금리 때문에 금융비용 부담이 가중된 가계들이 주택을 매각하면서 거품이 꺼질지 모른다는 우려가 강하게 제기되고 있다.

또한 거품이 꺼질 것이라는 정도의 우려는 아닐지라도 주택 경기 냉각으로 소비자 심리의 위축과 소비 감소로 경기가 둔화될 것이라는 예측이 쏟아지고 있는 중이다.

지금 미국 부동산 경기가 과열된 것만은 분명한 것 같다. 미 연방 주택가격지수를 보면 2001년 6월 이후 4년간 주택가격이 무

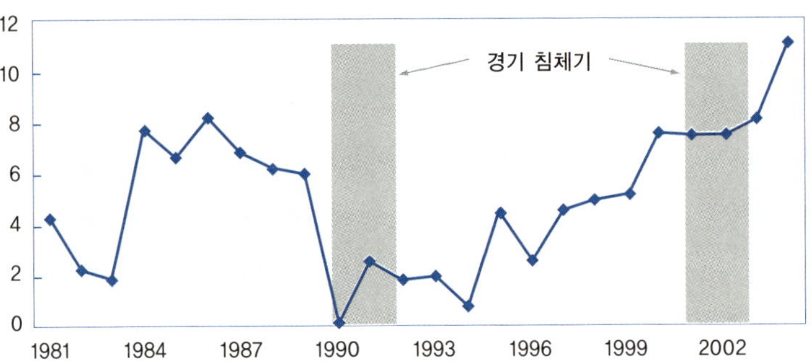

〈자료 : OFHEO〉
〈출처 : 삼성경제연구소, 미국주택시장 버블론의 허와 실〉

려 53%나 상승했다. 특히 주목해야 할 점은 과거와 달리 경기 침체기에도 가격이 상승하는 등 기현상을 보이고 있다는 것이다. 참고로 1970년대 후반에는 주택가격 상승률이 13% 수준이었으며 1980년대 후반에도 17% 정도에 지나지 않았다.

동시에 주식의 PER에 해당하는, 미국 주택의 P/E비율(Price/Earning Ratio)이 지나치게 높은 수준이다. 부동산의 수익성을 나타내는 임대수익에 비해 가격이 과도하게 높다면 그만큼 거품이 발생했다고 볼 수 있는 것이다. 최근 미국 주택의 P/E 비율은 역대 최고 수준인 25를 나타내고 있어 장기 평균치(20.2)보다 25%나 높은 상태다. 즉 주식으로 치면 PER가 지나치게 높아 가격 하락 위험이 있는 것이다.

$$P/E \text{ 비율} = \frac{\text{주택가격}}{\text{주택 임대수입}}$$

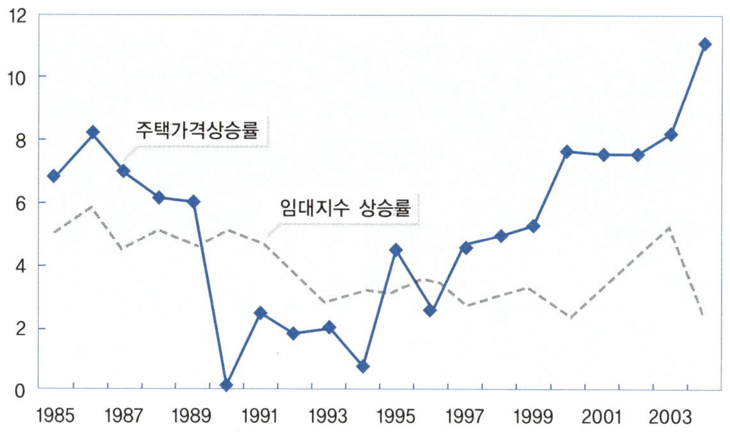

〈자료 : 삼성경제연구소, 미국주택시장 버블론의 허와 실〉

버블론에 대한 반론

그러나 이상과 같은 버블이 우려할 정도로 지나친 수준은 아니라는 주장도 제기되고 있다. 이러한 반론의 주요 근거는 미 부동산 가격의 상승이 투기적 가수요 때문이 아니라 실수요 때문이라는 것이다. 이 주장에 따르면 현재 주택경기 과열은 실제 거주 목적의 자가 주택 구입이 확대되는 과정에서 나타난 현상이기 때문에 금리가 오른다 하더라도 매물이 급증할 것으로 보기 어려우며 따라서 가격 폭락 사태는 일어날 가능성은 낮은 편이다.

실제로 미국 부동산 가격은 거품 우려와 함께 금리 인상으로 주택경기가 침체될 것이라는 경고에도 불구하고, 주택판매 실

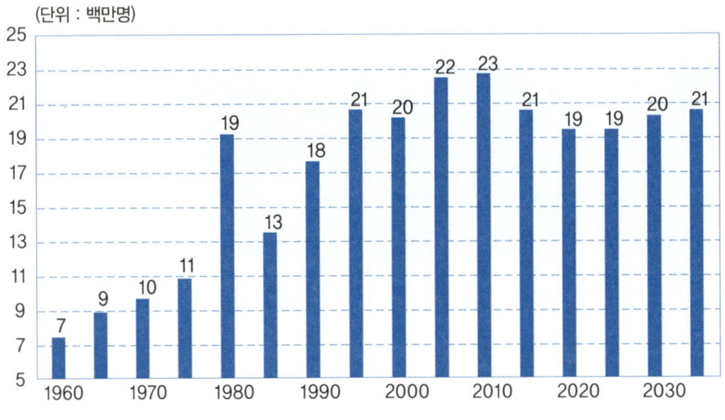

적이 감소하는 등 불안한 상태이긴 하지만 가격은 떨어지지 않고 현상 유지 이상의 상태를 보이고 있는 중이다.

그렇다면 자가 주택 구입의 실수요 중심으로 이렇게 주택가격이 장기간 가파르게 오르는 이유는 무엇일까? 그 이유는 여러 가지가 있겠지만 다음 〈그림 9-6〉을 보면 해답을 얻을 수 있을 것이다. 이 그림을 보면 미국 주택가격이 거품이 아닐 것이라는 이유가 보인다. 〈그림 9-6〉은 주택의 주 실수요 계층인 40대 인구가 20년 넘게 가파르게 증가하고 있기 때문에 주택가격이 오를 수밖에 없음을 웅변하고 있다.

이 같은 사실에 근거한다면 2004년 이후 연거푸 인상된 미국의 금리가 다소 주택가격의 조정을 통한 일시적인 소비심리 위축과 경기 둔화는 가져 올 수 있겠지만 거품을 터뜨리면서 주택

가격이 폭락하는 사태는 일어나지 않을 확률이 크다.

미국 주택가격은 금리 인상으로 인해 앞으로 상승 폭은 크지 않겠지만 2010년 전후까지는 더 상승하다가, 이때를 경과하면 베이비 붐 세대가 은퇴하면서 주택 수요가 썰물처럼 빠져 나가 즉시는 아니지만 수년의 차이를 두고 부동산 가격이 크게 떨어질 것으로 예측되고 있다.

이렇게 해서 미국의 주택가격이 크게 하락하면 미국경기도 크게 침체될 것으로 예상된다. 미국 투자은행 골드만 삭스(Goldman Sachs)사는 부(富)의 효과가 주가의 경우는 1달러 당 3~5센트인데 비해 주택가격의 경우에는 13~15 센트로 주가보다 4~5배 큰 것으로 추정하고 있다.

04 한국 부동산 앞으로는 '필패'인 이유

일본과 미국의 예를 기초로 우리 한국의 부동산 가격을 전망해 보자. 인구구조의 영향에서 우리나라의 부동산 가격도 예외가 아니며 1980년대 후반에 부동산 가격이 큰 폭으로 오른 이유는 경제 개발도 큰 원인이기는 했지만 이때에 50년대 초반 출생의 베이비 붐 세대의 주택 수요가 크게 작용했기 때문이다.

통계청의 '한국의 사회지표 2004' 보고서에 의하면 우리나라 평균 결혼 연령은 남자가 30세이고 여자가 27세인데 결혼 후 주택마련 기간이 평균 10년으로 조사되어 있다. (국민은행 자료는 7년) 이 자료를 기준으로 보면 50년대 초반 출생 베이비 붐 세대가 1990년을 전후해서 주택을 마련하는 시기가 되고 이전 세대의 무주택자들의 주택수요까지 합하면 '80년대의 주택가

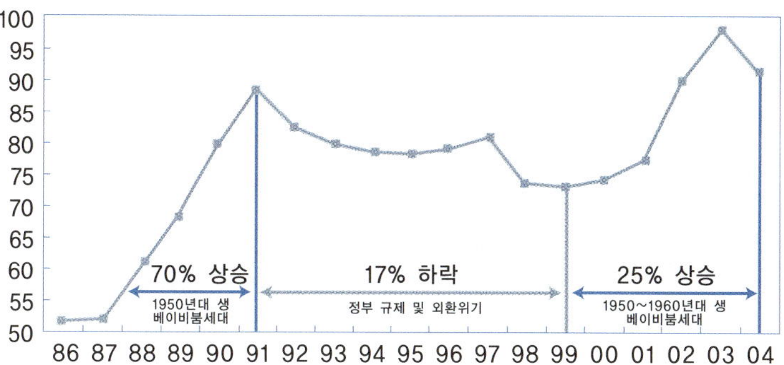

〈자료 : 국민은행〉
〈출처 : 현대경제연구원, 고령화시대 부동산가격 하락한다〉

격 상승은 불가피한 현상이었다. 이것이 앞의 〈그림 9-7〉에 설명되어 있다.

신도시 200만호 건설로 이러한 주택수요가 소화되고 정부의 부동산 억제책으로 1990년대에는 주택가격이 어느 정도 안정세를 보이다가 '90년대 후반 들어 '60년대 출생 베이비 붐 세대의 주택수요가 꿈틀대던 시기에 외환위기가 발생해 주택가격은 1999년까지 1991년 대비 17% 정도 하락했다. 그러나 외환위기가 끝나면서 이들과 다음 세대의 수요가 발생하면서 주택가격이 다시 강하게 상승 압력을 받고 있는 상태다. 그렇지만 이제 앞으로 부동산 시장에는 지금까지와는 다른 패러다임이 전개될 것이다.

한국 부동산, 앞으로는 '필패'다

많은 투자자들이 범하는 중대한 오류는 과거를 본다는 것이다. 물론 과거의 결과가 미래의 성과를 판단하는 객관적 기준이 될 수는 있다. 그러나 과거의 객관적 성과도 참고일 뿐이고 투자에 성공하기 위해서는 '앞'을 보고 판단해야 한다.

주식투자도 마찬가지이지만 부동산도 과거에 안정적이면서도 높은 수익을 올렸기 때문에 앞으로도 계속 높은 수익을 내줄 것이라고 막연히 생각하면 큰 오산이다. 과거에 성과가 좋았다면 왜 그랬는지를 분석해 보고 그 원인이 투자 시점 이후에도 투자를 계획하는 기간동안 계속될 수 있는지를 알아 봐야 할 것이다.

과연 한국 부동산 가격이 앞으로도 계속 상승 행진을 계속할 수 있는지? 지금 정부의 8.31 대책 외에도 앞으로 어떤 변수에 의해서 부동산 가격이 변동할 것인지? 그리고 언제까지 지속될 것인지? 이런 질문에 명확한 답을 내릴 수 있을 때 투자해야 할 것이다.

그런데 한국의 부동산 시장에 암운이 드리우고 있으니 그것은 바로 고령화 추세다. 부동산에 투자하려는 사람들은 8.31 대책보다 인구구조의 변화가 더 부동산 시장에 부정적 요인임을 알아야 한다. 8.31 대책은 수급의 본질적 변수가 아니다. 세금을 내더라도 그 이상 수익이 기대된다면 그런 투자는 해야 한다.

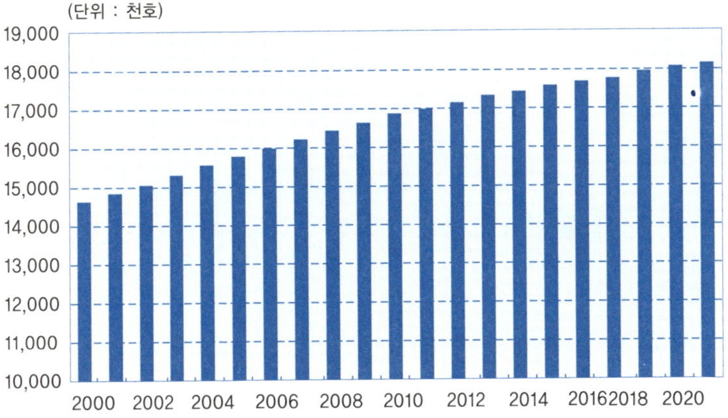

〈자료 : 통계청〉

하지만 세금이 면제된다 하더라도 손해 볼 투자는 하지 말아야 할 일이 아닌가?

제 6 장의 〈그림 6-14〉에 따르면 향후 한국 부동산 가격은 주택을 중심으로 2015년까지는 상승하게 되어 있다. 아직도 10년 정도가 남아 있는 것이다.

그리고 통계청의 인구와 주택관련 통계에 의하면 혼인율은 감소 추세를 보이고 있는 반면 세대의 분화로 가구 수는 2020년까지 증가할 예정이어서 부동산에 애착이 강한 한국인의 특성을 감안하면 앞으로도 한국의 주택가격은 상승할 여력이 큰 편이다.

이렇게만 된다면 지금도 부동산에 투자하는 것을 권할 만하다. 2010년 이후 부동산 시장이 전체적으로 얼어붙는 시기에도 수익을 낼 수 있는 특정 개발 지역이나 일부 틈새시장은 있을 것이다. 앞의 〈그림 9-8〉은 신혼부부나 독신자를 대상으로 한 원룸이나 소형 아파트 등은 수익성이 있을 수 있음을 시사해 주고 있다.

한데 전체적으로는 앞에서 살펴 본대로 2010년을 기해 미국 베이비부머의 후진이 경제활동에서 은퇴하면서 경기가 침체되고, 또 중국의 경기 하강과 우리 한국의 경기 하강이 겹치면서 부동산 가격이 하락할 전망이다.

동의하기 어려운 분들을 위해서 다시 한 번 설명하면 지난 1998년의 부동산 경기 침체를 얘기할 수 있다. 이때는 인구구조와 아무런 관련이 없는데 외환위기의 충격으로 경기가 수축되면서 부동산 시장이 얼어붙었다. 그 기간이 길지는 않았지만 그것은 곧 세계경제의 호전과 우리 경제의 회복에 힘입었기 때문이다.

그러나 2010년 이후는 1998년 외환위기 때와 상황이 다르다는 데 문제가 있다. 세계경제가 불황에 빠지게 되고 그 기간이 길어질 것이기 때문에 부동산 시장이 바로 회복될 가능성은 적어 보인다. 혹시 중국이 연착륙 후에 미국을 대신해서 세계경제를 견인해 주는 국가가 된다면 2015년 무렵에 회복될 가능성은 있을 것이다. 그런데 이때부터는 국내 40대 인구가 절대적으로 감소 추세에 접어들면서 부동산 가격이 장기 하락추세에 돌입하게 될 것이다. 그 와중에도 일부 특수한 테마의 개발 프로젝트 같은 것은 수익성이 있을 수 있지만 전반적 부동산 경기는 부진할 것이다.

따라서 필자는 부동산 투자를 고려하는 분들에게 가급적 부동산보다 이제는 주식에 투자할 것을 권한다. 이제 앞으로는 한국 부동산이 '불패'가 아니라 '필패'다. 한국 부동산은 미국의 경기 침체에 어퍼컷을 맞고 정신을 차릴 즈음에 국내 인구 절대 감소 추세에 KO 펀치를 얻어맞을 것이다.

혼인 건수를 통해 본 주택가격 전망

다음 〈그림 9-9〉를 보면, 왜 현 정부가 10.29, 8.31 조치 등 초 강수 부동산 정책을 시행하고 있는데도 불구하고 부동산 가격이 잡히지 않는지 그 이유가 확연히 드러난다. 이 그래프는 우리나라 가계가 결혼 후 내 집 마련 때까지 7~10년이 걸린다는 통계와 일치한다. 혼인 건수 그래프를 우측으로 10년 정도 이동시키면 주택가격지수 그래프가 되는 것이다.

'80년대 후반의 주택가격 상승은 '70년대 후반에 혼인한 베이비 붐세대의 주택수요 때문이있고 2000년 이후 주택가격이 가파르게 오른 원인은 '90년대 중반 이후 부동산 억제책과 외

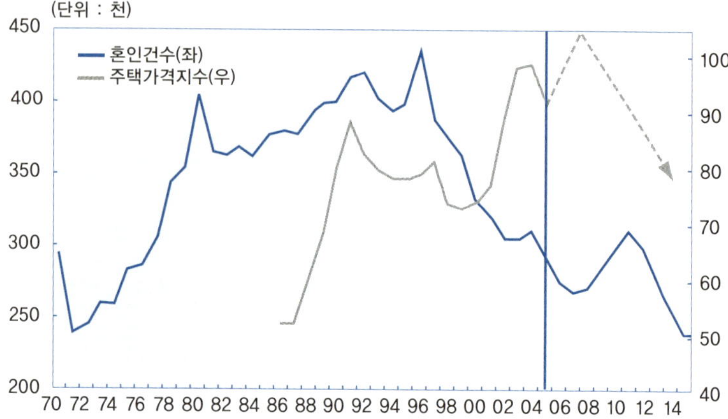

〈자료 : 통계청, 건설교통부〉
주) 2005년 이후 혼인건수는 추계치 임.

환위기로 인한 경기 침체 등으로 해소되지 못했던 주택 수요에 1990년 이후 혼인 세대의 주택수요까지 가세했기 때문이다. '90년대 초반 연 혼인 건수가 40만 건을 넘었기 때문에 1995년까지 계산하면 이 부분만해도 대략 200만 세대가 주택이 추가로 필요한데 2001년 이후 빈집(=공가)은 제외하더라도 멸실주택을 감안할 경우 주택 공급 실적은 턱없이 부족한 실정이다.

이렇게 주택 수요가 포화상태를 이루고 있는데 공급을 늘리지 않고 세금만으로 억누르는 부동산 정책이 성공할 리 만무하다. 〈그림 9-9〉로도 확인할 수 있듯이 공급을 획기적으로 늘리지 않는 한 2010년 전후 시기까지는 주택 가격은 잡히지 않을 것이다.

그러나 보자! '97년부터 혼인 건수가 급격하게 감소하고 있다. 2010년 이후에 주택 수요가 감소하는 것이 눈에 보인다. 앞으로 혼인 건수는 점점 더 감소할 것이고 신혼부부를 중심으로 한 전세 수요와 주택수요가 감소할 것이다. 이 추세는 점점 더 강도를 더해 갈 것이고 주택가격 하락 압력도 수위가 높아 갈 것이다.

앞으로 전세 수요는 물론 주택 수요가 계속 감소하게 되면 주택가격이 하락하고 주택 매입보다 매도 물량이 증가하게 된다. 주택가격에서 시작된 부동산 가격 하락이 상가, 빌딩, 토지로까지 확대될 것이다. 이렇게 되면 부동산에 매물이 홍수를 이루게 될 것이다.

아울러 앞에서 확인한 바대로 인구 감소가 경제성장률을 떨어뜨리면서 경기가 침체돼 부동산 경기를 위축시켜 역시 가격을 떨어뜨리게 될 것이다.

한국 건설산업연구원의 보고서는 의하면 일본, 스웨덴 핀란드, 아일랜드 등 금융위기를 경험한 10개국의 사례 분석 결과에 따르면 버블이 붕괴하고 금융위기가 발생했을 때 주택가격은 평균 35% 하락하고 상업용 부동산은 45% 하락했다고 하며 가격 하락 기간은 대략 3~8년이 걸렸다고 한다.(부동산 가격 버블 형성과 붕괴에 관한 해외사례 분석, 건설산업연구원)

자산운용 Action Plan

Baby Boome

10

1. 2010년이 운용 전략의 분기점이다
2. 펀드투자 성공 7단계
3. 안전자산과 채권투자 전략

Economics

01 2010년이 운용 전략의 분기점이다

앞에서 살펴 본 경제 전망을 토대로 한 종합 자산운용 전략은 2008~2009년까지 주식 비중을 높게 운용한 다음 2010년 이후엔 채권과 예금 등으로 자산을 옮기는 것이다. 이 무렵에 주가 폭락과 함께 경제가 급격히 위축되면 주식 계좌는 원금 손실 사태가 넘쳐 날 것이지만 이때는 채권이 좋은 수익률을 보여 줄 것이다. 이 기간에는 가능한 한 만기가 긴 국공채나 국공채 펀드에 투자하는 것이 좋다. 일반 채권형 펀드에는 B등급 이하의 회사채가 편입되어 있을 수 있기 때문이다.

이때에 초우량 회사채 외에는 회사채의 가격이 약세를 면치 못할 것이다. 더욱이 B등급 이하의 회사채에 대한 투자는 매우 위험한 투자가 될 것이다. 왜냐하면 경기가 급격하게 수축될 때에는 우량 대기업 외에 대부분의 기업은 생존 자체도 위협을 받기 때문이다. 이런 시기에는 최대한 만기가 긴 국공채에 투자하여야 한다. 만일 채권형 펀드에 투자한다면 평균 만기(=Duration)가 긴 펀드에 투자하는 것이 좋다.

주식 매각 자금이나 주식형 펀드 환매 자금을 안전 자산인 예금과 채권에 적절히 배분하여 운용한다면 주식에서 거둔 아주 높은 수익률의 자금을 채권으로 안정적으로 운용하며 은퇴 후 노후자금을 마련하는 데 최상의 투자가 될 것이다.

아울러 부동산은 지금이라도 축소하여 그 자금을 주식에 투입할 것을 권한다. 고령화 추세와 젊은 인구의 급격한 감소는 필연적으로 부동산 가격의 하락을 가져올 수밖에 없다.

물론 모든 가구가 주택을 한 채씩 보유하고 있는 것은 아니고 다수의 주택을 보유하고 있는 사람이 있고 무주택자가 그때에도 분명히 있을 것이다. 그러나 새로운 신혼부부가 계속해서 줄고 그래서 임대 수요도 줄 것이고 이어서 주택을 구입 수요도 줄게 되면 가격은 떨어질 수밖에 없다.

여기에 2010년을 전후해 밀려올 베이비부머의 은퇴와 동시에 고령화 쇼크는 부동산 매각을 증가시킬 것이다. 이것은 실수요 면에서도 그렇고 - 우리 한국인의 부동산 선호 의식상 크지는 않겠지만 - 다수의 부동산을 보유하고 있는 사람들의 매각이 늘어날 것이며 경기 수축이 결정적으로 부동산 가격을 떨어뜨리게 될 것이다.

펀드투자
성공 7단계

펀드투자

이제 우리는 2009년쯤까지 주식에 투자하는 것이 다른 자산보다 유리하다는 것을 알게 되었다. 그런데 필자는 종목을 선별하고 기업분석을 할 수 있는 능력을 갖추고 있지 않다면 직접투자보다 간접투자를 선택할 것을 권한다.

설사 기업분석 능력이 있다 하더라도 증권관련 업계에 몸담고 있거나, 주식투자가 본업이 아니라면 간접투자가 바람직함을 강조한다. 왜냐하면 회사 일이나 사업상 긴급한 일이 발생하거나 출장 등 사유로 직접투자는 매도 타이밍을 놓치기 쉽기 때문이다.

그리고 직접투자는 기업분석 능력만으로 투자 자격을 다 갖췄다고 볼 수 없다. 미국의 GM, FORD, AT&T 사의 사례와 일본

SONY사의 고전, 그리고 최근의 신문 기사에 서 코카콜라와 펩시콜라의 시장 점유율과 시가총액 역전 등이 보도 되듯이 시장의 변화 추세(Trends)와 사회구조의 흐름 등을 앞서서 읽을 줄 알아야 하는데 이런 능력을 다 갖추고 있기란 매우 어려운 일이다.

우리나라의 경우에도 줄기세포 논문 사건을 포함해서 여러 도덕성 해이 사건 등 파악해야 할 정보 항목이 한두 가지가 아니다. 일반 투자자는 매우 어려운 일인 것이다.

펀드 투자는 이런 문제들을 해결하면서 위험을 줄여서 안전성과 수익성 양 면에서 직접투자보다 성공확률을 높일 수 있다는 것이 장점이다. 이 책에서는 지면과 주제 상 펀드에 대한 자세하고 실무적인 설명보다 성공적 투자를 위한 전략만을 제시하고자 한다.

펀드의 종류

펀드는 구분하는 방법에 따라 여러 가지 종류가 있다. 구분하기에 따라서는 너무도 많고 또 같은 종류라고 해도 각각의 펀드마다 특징이 다 다르기 때문에 각기 다른 상품으로도 볼 수 있어서 분류 기준에 따라서는 단 몇 가지로 나눌 수도 있지만 극단적으로 말하면 펀드의 종류가 수천 가지에 달한다고 말해도 과언은 아니다.

그렇다면 펀드를 도대체 어떻게 구분해서 선택해야 할까? 아니면 아무거나 찍어서 가입할 것인가? 너무나 막막하고 힘들어서 신문이나 잡지에서 인기가 좋다고 보도되는 펀드에 들기 쉽다.

그러나 펀드를 이렇게 가입하는 것은 바람직하지 못하다. 성공적인 펀드투자를 위한 선택순서를 정리하면 다음과 같다.

성공적인 펀드투자 절차 7단계

1. 가입하는 시점이 경기 주기 상 어느 국면에 해당하는지를 확인한다.
2. 경기 주기의 해당 국면에서 가장 유리한 자산을 확인한다.
3. 해당 자산의 편입 비중이 높은 펀드를 정한다.
4. 주력 자산의 투자 스타일을 정한다.
5. 투자 스타일에 맞는 펀드 중 투자 희망 지역을 선정한다.
6. 3-4-5에 의한 펀드 중 과거 운용실적이 좋은 자산운용사 2~3개의 펀드를 선별한다.
7. 선별한 펀드 중에서 설정 규모와 예상 투자성과를 검토하여 투자할 펀드를 최종 선정한다.

이상과 같은 순서로 범위를 좁혀 가며 펀드를 고른다면 펀드투자가 별로 어려운 일은 아닐 것이다. 이 방법은 펀드를 선정하는 데 있어서 '위에서 아래로'(Top Down) 방식이다. 필자는 〈그림 10-1〉로 표시된 이 방법이 펀드투자를 성공으로 이끄는

〈그림 10-1〉 펀드선택 절차도

가장 명확하고 실질적 방법이라고 믿는다.

1단계 : 경기판단

여기서 가장 중요한 것이 경기 국면의 판단이다. 경기가 어느 국면에 있느냐에 따라서 자산 배분 전략이 달라져야 한다. 즉 경기가 회복기일 때에는 주식비중을 최대한으로 높이고 후퇴기일 때에는 주식비중을 최소한으로 줄여야 하는데, 이를 위해 경기 선행지수를 중심으로 BSI와 CSI 그리고 동행지수 추이 등을 참고하면서 판단해야 할 것이다. 이들 지표에 대한 식별이 익숙해지면 GDP 성장률 전망치를 포함해 다른 지표들까지 범위를 넓혀 가면 정확한 경기 판단을 내리는 데 도움이 될 것이다.

대개 재무설계와 관련하여 경기 국면과 상관없이 획일적인 자산배분을 얘기하는 경우가 있는데 이는 그야말로 현실과 동 떨어진 이론 그 자체일 뿐이다. 경기 국면에 따라서 자산구성을 조정해 가는 전략을 견지해야 한다.

2단계 : 주력자산 선택

자산 선택에 대해서는 앞에서 상세하게 다루었기 때문에 생략하기로 한다.

별도로 설명할 것은, 투자는 확률 게임이고 확정 수익을 보장하는 것이 아니라는 것이다. 따라서 확률의 수준에 비례해서 주력 자산에 투자하는 포트폴리오가 필요하고 반드시 이 원칙을 준수해야 한다.

단 지금은 주식이 가장 유력한 자산이기 때문에 주식 비중을 높여야 할 시기이다. 그리고 당연히 기대수익도 가장 높다. 이 주식 투자 비율을 얼마로 할 것인가는 자신의 보유 자산규모와 투자성향에 따라서 자산관리사와 상담하여 결정하면 될 것이다.

3단계 : 주력자산 투자 스타일 선택

이렇게 주력자산을 결정하면 주력 자산의 투자 스타일을 정해야 한다. 이것도 그리 쉬운 작업이 아니다. 신문이나 금융기관

〈표 10-1〉 주식과 채권의 주요 투자 스타일

자산	주식	채권
투자 스타일	① 가치주 투자	① 단기 채권 펀드
	② 우량주 투자	② 중기 채권 펀드
	③ 배당주 투자	③ 장기 채권 펀드
	④ 인덱스 투자	
	⑤ 중소형(성장)주 투자	
	⑥ 시스템 투자	
	⑦ 재간접 투자	
	⑧ 테마형 투자	
	⑨ 기타	

의 자료를 보면 모두가 다 나름대로 장점이 있고 좋은 점을 부각시켜 설명하고 있기 때문에 어떤 것이 좋고 어떤 것을 선택해야 할지 투자자들은 분간을 하기가 어렵다.

이 단계에서도 투자자는 많은 공부가 필요하다. 사실 자산배분도 투자스타일 결정도 공부와 노력 없이는 어려운 일이다. 전문가들이 해 준다고 하지만 내가 공부하고 조사해서 직접 결정하는 것만 못하다.

간접투자를 위한 상품으로 주식형 및 주식혼합형 펀드와 채권형 펀드의 주요 투자 스타일은 크게 〈표 10-1〉과 같이 분류할 수 있다. 투자 스타일에 대한 설명에서 채권의 투자 스타일은 생략하였다.

1) 가치주 펀드

한국에서 '가치주 투자' 개념을 정착시킨 공로자는 아마도 템플턴 투신운용사라고 생각된다. 한국 주식시장이 약세를 면치 못하던 2002~2003년에 연 수익률이 70%를 넘나드는 수익률로 당시 투신사 중 운용 성과 1위를 지키면서 가치주 투자의 진면목을 과시했다.

이후 '가치주 신드롬'이라고 해야 할 가치주 투자의 붐이 조성됐다. 주가지수가 박스권으로 움직일 때에도 기업의 내재 가치가 우수한 기업에 투자할 경우 주가지수와 관계없이 높은 수익을 거둘 수 있음을 실증적으로 증명해 내면서 많은 가치주 펀드가 설정되어 판매되었다. 사실 다음에 설명할 배당주 투자도 가치주 투자의 일환일 뿐이다. 이렇게 보면 세이에셋투신운용의 고배당주 펀드 신화도 가치주 투자의 신화를 이어 가는 셈이고 앞으로 가치주 투자는 투자자들에게 좋은 수익성과를 안겨 줄 것으로 기대된다.

2005년엔 증시가 강세를 보이면서 중소형주가 약진하는 바람에 가치주의 빛이 바랜 감이 있었지만 2006년 들어 주가가 혼조 양상을 보이면서 다시 가치주의 진가가 돋보일 것이다.

가치주는, 개별 기업의 내재가치 즉 매출, 이익, 배당 실적에 비해 상대적으로 주식의 가격이 저평가 되어 있는 종목을 의미한다. 내재가치가 우수한 기업은 꾸준한 현금 흐름으로 높은 수준의 배당을 유지해 줌으로써 일시적으로 주가가 낮게 형성되더라도 결국엔 제 값을 찾게 된다는 원칙론적인 투자 방법이다.

따라서 가치주는 배당수익률이 높은 경향을 보이고 이익 대비 주가가 낮은 특징을 보인다. 즉 저 PER와 저PBR 로 나타나는 것이다.

가치주 투자는 때론 대형주도 포함하지만 주로 중소형주를 투자대상으로 한다. 이는 기업의 가치에 비해 저평가된 종목이라는 특성 때문이다. 그리고 투자전략의 특성 상 기업의 가치가 인정받는 때까지, 즉 장기투자를 원칙으로 한다.

중소형 성장주 투자와 다른 점은 후자가 경기에 민감하고 주식시장의 흐름을 강하게 타는 종목에 투자하는 것인 반면 전자인 가치주 투자는 주식시장의 흐름과는 상관없이 기업의 가치에만 중점을 두는 투자전략을 구사한다는 것이다.

또한 배당주 투자와 다른 점은 배당주 투자가 고배당 수익을 추구하는 투자전략을 추구하는 데 비해 가치주 투자는 주가가 저평가일 때 싼 가격에 매입해서 기업의 가치가 인정받게 되었을 때의 높은 가격에 매각하는 자본이득을 추구하는 것이다.

2)(대형)우량주 펀드

우량주는 대형 우량주라는 말의 표현처럼 일반적으로 수익력이 높고 재무구조가 좋으며 업계에서 대표적인 지위를 점하고 있는 종목의 주식을 말한다. 우량주는 시가총액 규모도 상위에 속하고 주가도 높은 편이다.

한국 주식시장에서 우량주의 범주에 드는 주식은 KOSPI 200 지수에 편입된 종목이라고 보면 틀리지 않다. 따라서 우량주는 주식 종목의 규모별 분류에서 대형주에 속하는 편이다.

우량주 투자는 신용도가 높다는 것이 가장 큰 강점으로 꼽힌다. 설사 주가가 하락하여 손실은 입을 수 있을지라도 주권이 휴지조각으로 변할 가능성은 없는 셈이다. 그리고 시장 지배력을 갖추고 있기 때문에 성장 가능성도 크다.

3) 배당주 펀드

배당주 펀드는 가치주 투자에서 언급했듯이 가치주 가운데에서 배당성향이 높은 종목에 집중적으로 투자하는 펀드이다. 가치주와 마찬가지로 배당주 투자는 꾸준한 현금흐름을 바탕으로 높은 배당정책을 취하기 때문에 후에 주가가 제값을 찾게 됐을 때 자본이득을 취할 수도 있고 특히 주가 하락기에 방어주로 그 가치가 높다.

가치주 투자의 일환이면서도 배당주 투자가 전자와 다른 점은 가치주가 자본차익을 추구하는 데 반해 배당주 투자는 배당수익에 집중한다는 점이다.

4) 인덱스 펀드

인덱스 투자는 주식투자의 가장 단순한 투자 전략에 속한다. 즉 주가지수를 추종함으로써 주가지수 상승률에 해당하는 수익을 추구하는 투자전략이다.

인덱스 투자의 장점은 오로지 주가지수만 관찰하면 된다는 점이다. 종목 선별을 위해 분석을 할 필요도 없고 여러 가지 투자 전략에 필요한 추가적인 연구나 분석이 필요없다는 것이 장점이다.

또한 펀드 설정 시 펀드 가치가 추종 대상 주가지수의 움직임과 일치하도록 종목을 구성해 놓고 청산 시까지 교체를 하지 않기 때문에 수수료가 저렴하다는 것도 이점이다. 주가지수가 경기와 상관성이 높다는 점에서 경기 주기를 이용한 주식투자전략을 이용하기에 가장 안성맞춤의 펀드 상품이다. 즉 '경기-주가지수'의 단순한 투자전략을 취할 수 있다.

주식시장이 강세일 때 주식에 투자하고 약세일 때는 채권이나 예금 등으로 자산을 이전하며 투자하는 전략을 구사한다면 이 인덱스 펀드 투자보다 좋은 투자방법은 없을 것이다. 그리고 장기적으로 자산을 가장 크게 증식시킬 수 있는 주식투자 방법이다.

가치주 투자는 방어적 투자 전략으로 뛰어나고 장기적으로 가치가 상승한다는 장점이 있지만 주식이 강세장일 때 성과가 좋지 못하다는 점이 단점으로 꼽히기도 한다. 역시 배당주 투자도 주가 하락 시에 방어적 투자로 훌륭하지만 강세장일 때는 인덱스 펀드나 중소형주 펀드에 비해 성과가 뒤떨어지는 단점이 있다.

물론 인덱스 펀드도 장점만 있는 것은 아니다. 주가가 하락할 때는 주가지수와 함께 가치가 하락하기 마련이다. 파생상품 투자를 활용하여 주가가 하락할 때 가치는 지켜주는 펀드도 있지만 수익을 상승시키지는 못한다는 점이 단점인 것이다.

따라서 인덱스 투자를 취하는 투자자는 주가가 약세를 보이기 시작할 때 환매한 자금을 채권과 안전자산으로 옮겨 투자하는 전략을 구사해야 한다.

인덱스 펀드는 펀드 내 일부 현금성 자산 보유 및 종목 구성상 추종 대상 주가지수(Bench Mark Index)와 오차가 발생하기 마련인데 이것을 추적오차(Tracking Error)라고 한다.

인덱스 투자를 위한 대표적인 상품으로는 인덱스 펀드와 상장 지수 펀드(Exchange Traded Fund)가 있다.

예컨대 경제 펀더멘털을 잘 읽을 수 있다면 경기 회복기에 인덱스 투자를 시작해서 경기가 후퇴 조짐을 보일 때 환매하여 채권과 여타 자산으로 운용하는 전략을 구사한다면 다른 펀드에 투자하는 운용전략보다도 간명하면서도 언제나 자산을 최상의 상태로 증식시켜 갈 수 있고 이렇게 할 경우 10년 후에 우리의 자산은 세 배 이상 증식되는 기쁨을 맞을 수 있을 것이다.

5) 중소형(성장)주 펀드

　중소형주 투자는 내재가치에 비해 시장으로부터 아직 정상적인 평가를 받지 못하고 있는 종목을 발굴해 투자한다는 점에서 가치주 투자와 일맥상통하는 점이 있다. 그러나 중소형주 투자가 가치주 투자와 다른 점은 장기적인 방어적 투자전략이 아니라 주가지수 이상의 수익을 추구하는 공격적 투자 전략이라는 점이다.

　중소형주 투자는 꾸준하고 안정적 현금흐름보다는 경기를 타는 성장성 높은 중소형주를 편입 대상으로 삼는다. 따라서 중소형 성장주 투자는 경기가 저점이거나 후퇴 국면에서는 투자성과가 좋지 못하다. 그러나 경기가 회복기에 들어섰을 때 우량주가 먼저 상승한 다음 주가 상승을 이끌어 가면서 주가지수보다 높은 수익성과를 나타내게 된다.

6) 시스템 펀드

　시스템 투자는 말 그대로 사람이 투자하는 것이 아니라 (컴퓨터)시스템이 투자한다는 것을 의미한다. 결국 투자를 실행하는 전산 프로그램을 사람이 만들긴 하지만 실행을 펀드매니저가 하는 것이 아니라 프로그램으로 짜여진 전산 시스템이 하게 되는 것이다.

　시스템 펀드는 펀드 매니저의 주관적 판단을 배제하고 시장

상황에 따라 기계적으로 투자를 실행한다. 미리 짜여진 프로그램에 따라 주가가 하락할 때에는 주식을 분할 매수하고 주가가 상승할 때에는 분할 매도한다.

이렇게 주식을 거래하면 주가의 급등락 시 판단 착오로 인한 손실을 최소화 하고 또 손실도 빨리 회복할 수 있는 장점이 있다. 투자전략은 다르지만 전산 시스템을 이용한다는 면에서는 인덱스 펀드도 시스템 펀드 상품이라고 볼 수 있다. 그러나 인덱스 펀드는 추적 대상 주가지수의 움직임을 그대로 모방한다는 점에서는 시스템 펀드와 확연히 다르다.

7) 재간접투자 펀드(=Fund of Funds)

재간접투자 펀드 즉 '펀드 오브 펀드'는 말 그대로 펀드에 투자하는 펀드다. 주식, 채권 등에 투자하는 펀드를 투자 대상으로 하기 때문에 투자 위험으로부터 2중으로 보호를 받는 셈이 된다.

가장 특기할 사항은 분산투자를 2중으로 하는 것이다. 그래서 안전성을 크게 높일 수 있는 것이 장점이다. 그러나 대신 비용도 2중으로 든다는 점을 알아 둬야 한다. 투자 대상인 펀드에서 수수료를 내야 하며 직접 투자한 재간접투자 펀드에서 또 수수료를 내야 한다.

자산운용사가 수수료를 조정해서 다른 펀드보다 낮게 책정할 수는 있지만 양 쪽의 수수료를 합하면 일반 펀드의 수수료보다 높아지게 된다. 그러나 펀드 판매 안내장 등에서는 해당 펀드의 수수료만 표시하기 때문에 2중 수수료 부담은 나타나지 않는다. 2중의 안전장치에 대한 2중의 비용을 치루는 것이다.

또 하나의 비용은 안전성을 높이는 대신 수익률이 저조할 수 있다는 것이다. 2중으로 부담하는 수수료도 무시할 수 없고 투자 스타일을 달리 하는 여러 펀드에 투자하기 때문에 투자 전략이 중화되어 평균적인 수준의 수익성과를 보이게 된다.

그렇다면 별로 좋지 않은 것 같은데 왜 이 상품이 많이 개발되고 판매되는 것일까? 그 이유는 간단하다. 2중의 안전장치가 꼭 필요한 투자가 있기 때문이다. 그리고 모든 투자자가 다 풍부한 시장 정보와 위험관리 능력을 갖추고 있는 것이 아니고 대부분의 투자자는 시장정보와 위험관리 능력이 부족하기 때문이다.

대부분의 재간접투자 펀드는 해외투자에 활용된다. 해외 주식이나 채권 등은 우선 시장이 국내가 아니라 다른 나라의 기업이 발행하는 것이기 때문에 종목 정보는 두 말할 나위가 없고 시장 정보도 부족하다. 이런 상황에서 직접투자는 무모한 행위에 가깝고 일반 펀드 투자도 상당한 위험에 노출되게 된다. 사실 국내 시장 정보도 정확하게 수집하는 것이 불가능에 가까운 것이 현실이다.

그래서 해외투자 시에는 재간접투자 펀드를 많이 활용하게 되고 재간접투자 펀드의 대부분이 해외투자를 목적으로 하는 것들이다. 결론인 즉, 정보가 부족한 해외투자 시 2중 안전장치가 2중의 비용에도 불구하고 필요한 것이다.

8) 기타 펀드

투자 스타일은 법령에 의해서 정해져 있는 것은 아니기 때문에 대표적 유형 외에도 얼마든지 새로운 투자 스타일의 펀드가 개발될 수 있다. 따라서 앞에서 설명한 투자 스타일 외에도 기존에 다양한 투자 스타일이 있고 이에 해당하는 펀드들이 있다.

예를 들어, 특정 업종에 투자하는 펀드, 또는 특정 기업 집단에 투자하는 펀드, 공모주에 집중적으로 투자하는 펀드, 그리고 별도로 설명하지는 않았지만 주식투자에서 일정 목표 수익률을 달성하면 채권으로 전환하는 전환형 펀드도 있다.

시장 상황에 따라 주식과 채권형의 여러 펀드를 옮기면서 투자할 수 있는 엄브렐러 펀드도 있으며 파생상품에만 투자하는 파생상품 펀드도 있다.

위험을 적절히 낮추면서 원하는 수익률을 올릴 수 있는 투자 스타일은 상품 개발자들의 아이디어에 따라서 얼마든지 나올 수 있다.

4단계 : 투자지역 선택

투자 스타일을 결정하면 다음으로 투자 대상 지역을 선정해야 한다. 과거 같으면 투자 지역을 선정할 필요가 없었다. 투자 지역이 국내로 제한되었기 때문에 국내 주식과 국내 펀드 외에는 선택의 여지가 없었던 것이다.

그러나 이제는 국내뿐만 아니라 세계 어디든지 그리고 어떤 자산이든지 투자할 수 있게 되었다. 따라서 국내 주식 외에 인도나 중국 또는 러시아, 중남미 등 타 지역 자산에도 관심을 기울일 필요가 있고 상대적으로 수익률이 높은 쪽으로 투자를 하는 것이 유리한 선택이다.

투자 지역 선정은 지역별로 자산가격 변동이 다른 점을 이용하여 자산배분 전략으로 활용할 수도 있다. 다시 말하면 자산배분에 지역배분을 추가함으로써 자산의 안정성을 더 한층 높일 수 있는 것이다.

해외 펀드에 투자 시 빼 먹어서는 안 되는 주의사항은 '환위험'을 제거하는 것이다. 특히 우리 한국경제가 경쟁력이 강해지면서 대부분의 타국 통화에 대해 강세를 나타내게 될 것이기 때문에 정확한 환율 예측을 통한 환손실을 제거하는 방법을 마련해야 할 것이며 동시에 환 손실 이상의 수익이 확실한 지역에 대해 투자하는 지혜가 필요하다.

지역별 펀드 종류는 다음과 같다.

① 국내 펀드 - 대부분의 펀드, 국내 자산에 투자

② 미국 펀드 - 미국의 자산에 투자

③ 일본 펀드 - 일본의 자산에 투자

④ 중국 펀드 - 중국의 자산에 투자

⑤ 인도 펀드 - 인도의 자산에 투자

⑥ 아시아 펀드 - 아시아지역의 자산에 투자

⑦ 유럽 펀드 - 유럽 지역의 자산에 투자

⑧ 중남미 펀드 - 중남미 지역의 자산에 투자

⑨ Global 펀드 - 전 세계 자산에 골고루 투자

⑩ Chindia 펀드 - 중국과 인도 지역 자산에 투자

⑪ BRIC's 펀드 - 브라질, 러시아, 인도, 중국 지역 자산에 투자

⑫ 기타 - 기타 지역의 자산에 투자

지역별 포트폴리오 구성 전략

지역별로도 포트폴리오를 구성할 수 있는데 이는 각 나라마다 경제상황이 다르기 때문에 주가도 다른 방향으로 움직일 수 있어 분산투자로 위험을 줄일 수 있기 때문이다. 자본시장이 개방되지 않았다면 우리에게 이런 기회는 없을 것이라는 점을 인식하기로 하고 향후 장기 자산운용 전략상 지역별 포트폴리오를 제안해 보기로 한다.

1) 인도

인도 주식은 2006년 초에 지수가 1만을 기록할 정도로 급속 상 승했다. 단기적으로는 이 같은 급등 열기를 식히는 조정은 있을 수 있지만 인도 경제의 성장 잠재력을 볼 때 1989년까지의 일본 처럼 앞으로 주가의 장기 상승이 충분히 가능하다고 판단된다.

그 근거는 본 서의 앞에서 이미 언급했듯이 시장 개방과 경제 개발을 시작한지 그리 오래 되지 않은 데다 세계적으로 시장경 제를 추구하는 나라 중에 25세 이하 인구가 증가하는 유일한 나 라라는 점을 주목해야 할 것이다.

아직 사회간접자본 시설이나 제조업 기반이 취약한 것 등 여 러 문제점들은 과거 우리 한국이 그랬듯이 오히려 발전 가능성 을 보유한 기회로 보아야 할 것이다.

따라서 인도 주식은 단기적으로는 주가가 폭락의 여지 등 위 험성이 있을 수 있지만 최소한 5년 이상 특히 2010년 이후 장기 자산운용 포트폴리오에 최적의 대안으로 꼽을 수 있다. 아울러 중국과 대비한 인도 주식의 장점은 민주주의의 정착과 중국보 다 시장원리가 잘 작동되는 나라라는 점이다.

2) 일본

일본 주식도 필자는 장기 투자 포트폴리오에 포함시켜야 할 자산으로 꼽는다. 일본 주식의 이점 중 하나는 우리와 가까운 나라이기 때문에 다른 나라보다 정보가 상대적으로 풍부하다는 것이다.

지금 일본은 2002년을 40대 인구 규모가 바닥을 치는 해로 삼고 젊은 사람들이 다시 점차 증가하면서 활력을 되찾고 있다. 점증하는 젊은 인구의 소비력을 바탕으로 기업 이 설비투자를 확대하면서 이는 또 고용증가와 소득증가로 이어져 다시 소비를 증가시키는 선순환 구조를 낳고 있다.

이 현상은 앞으로 2015년까지 지속될 것으로 전망된다. 즉 일본 주가는 2015년까지 상승할 것이 확실시 된다는 것이다. 따라서 단기투자가 아닌 중장기 투자자라면 일본 주식을 포트폴리오에 포함시키는 것이 위험을 분산시키면서도 좋은 수익을 누릴 수 있을 것으로 예상된다.

일본은 내수기반 경제라는 점을 다시 한 번 확인해 두면서 이런 추세가 계속된다면 엔화는 계속 강세가 이어질 것이다. 엔화는 2010년 정도까지 1달러에 100엔을 예상 할 수 있고 한편 상대적으로 한국이 일본보다 주가 상승률과 경쟁력이 강화되고 있어 원-엔 환율도 완만한 하락을 점칠 수 있다. 즉 큰 폭은 아니더라도 일본 주식은 환차손을 감안해야 할 것이라는 것이다. 그러나 일본 주식은 환차손 이상의 수익을 안겨 줄 수 있을 것으로 판단된다.

3) 중국

중국주식은 2006년 들어 중국이 2007년 자본시장 개방을 앞두고 제도 개혁을 추진하면서 상승장을 연출하고 있는데 도-농 소득격차와 높은 실업률, 부패 문제 등으로 사회불안이 상존하고 있고 공급과잉으로 인한 디플레이션 우려 등 위험 요소가 적지 않다. 이 점이 인도와 크게 대비되는 측면이다.

결론적으로 중국 주식은 중장기 투자나 자산운용을 목적으로 한다면 북경 올림픽과 상하이 엑스포가 끝난 뒤인 2011~2012년쯤의 중국 동향을 지켜보고 투자해도 늦지 않을 것으로 본다. 단기적으로 2008년 이전의 수익을 본다면 투자를 해 볼 수는 있을 것이다. 왜냐하면 북경 올림픽을 치를 때까지는 중국이 경제성장을 지속할 것이고 격변도 발생할 가능성이 낮기 때문이다.

그러나 중국 증시는 아직 시장원리가 작용하지 않기 때문에 자본시장 개방이 호재이기도 하지만 국영기업 중심으로 대량의 물량이 공급될 경우 주가가 지속적으로 상승할 수 있을지에 대해 철저한 조사와 분석이 선행되어야 할 것이다.

1단계에서 4단계까지 정리한 내용을 표로 정리한 것이 앞의 〈표 10-2〉다. 좌측에 주력자산 중심의 펀드 유형이 있고 중앙에는 투자 스타일이 배치되어 있고 다음 우측에는 투자지역이 위치해 있다.

〈표 10-2〉 펀드 선택 주요 절차

펀드구분	투자 스타일		지역
주식형 ■	■ 가치주 투자	■	■ 국내(한국)
	■ (대형)우량주 투자	■	■ 미국
	■ 배당주 투자	■	■ 중국
	■ 인덱스 투자	■	■ 일본
	■ 성장주 투자	■	■ 인도
주식혼합형 ■	■ 중소형(성장)주 투자	■	■ 아시아
	■ 시스템 투자	■	■ 유럽
	■ 재간접 투자	■	■ 중남미
	■ 테마형 투자	■	■ BRIC'S
	■ 기타	■	■ CHINDIA
			■ GLOBAL
	MMF	■	■ 기타
채권형 ■	단기채권 투자	■	
	장기채권 투자	■	

　　왼쪽에서 오른쪽으로 자신의 판단에 따라 선을 그어가며 대상을 좁힌 다음 이것에 해당하는 상품을 금융기관을 찾아 상담하여 가입하면 펀드를 고르는 수고를 한결 덜 수 있을 것이다. 그리고 좋은 결과를 얻어 자산을 크게 늘릴 수 있을 것이라고 확신한다.

5단계 : 자산운용사 선정

　　자산배분과 투자스타일, 그리고 투자 지역을 결정하면 해당 펀드를 운용하는 자산운용사들을 평가하는 작업에 들어가야 한다. 이 평가 작업에는 당연히 과거의 실적을 평가할 수밖에 없다. 과거의 실적이 미래의 실적을 담보해 주는 것은 아니지만 어차피 불확실한 미래의 결과를 예측할 수 있는 기준은 과거의 기록이기 때문이다.

그래서 과거에 좋은 성적을 낸 운용사가 미래에도 좋은 성적을 낼 것으로 판단하고 또 그럴 확률이 높다.

그런데 이 자산운용사 선정은 투자스타일 선정과 또 밀접한 관계가 있다. 왜냐하면 자산운용사마다 자신들의 투자 철학이나 특기가 있어서 이러한 전략에 기초한 펀드를 만들고 운용하기 때문이다.

우리나라 자산운용사들은 이런 특징이나 특별히 표방하는 투자 철학 같은 것이 없지만 미국의 자산운용사들은 자기만의 명확한 투자 색깔(Color)이 있다. 그래서 투자자는 투자 스타일을 정하면 이에 맞는 자산운용사를 고르면 되지만 우리나라는 거의 모든 운용사가 여러 가지 스타일의 펀드를 운용하기 때문에 펀드를 고르는 작업이 한 단계 더 많을 수밖에 없다.

예를 들면

템플턴 투신운용 − 가치주 투자(개별종목 분석에 의한 장기투자)

뱅가드 투신운용 − 인덱스 투자

피델리티 투신운용 − 가치주 투자(개별종목 분석에 의한 장기투자)

미래에셋 자산운용 − 공격적 투자(마켓 타이밍을 활용한 적극적 매수매도)

여기서 주의해야 할 점은 어떤 투자 스타일도 절대적으로 우월한 것은 없으며 어떤 것이 좋고 나쁘다고 말할 수 없다는 것이다. 어떤 투자 스타일을 택하고 그 스타일에 맞는 운용사의 상품을 선택할 것인가는 투자자 스스로 결정해야 할 몫이다.

03 안전자산과 채권투자 전략

2008~ 2009년까지의 금융자산 운용 전략

향후 세계경제는 경기회복과 높은 유가로 제 9장의 〈그림 9-2〉에서 보는 것처럼 전반적으로 주가 상승과 함께 금리가 동반 상승하는 모습을 보이게 될 것이다. 이럴 때 금리 상승은 채권가격 하락을 의미하기 때문에 채권 보유를 최소화해야 한다. 정 채권을 보유해야 한다면 직접투자는 단기채권, 간접투자는 듀레이션이 3개월 이내 정도로 짧은 단기채권펀드에 투자해야 한다.

앞으로 3~4년 지속될 금리상승 기간에는 주식 비중을 최대화하고 나머지 자산은 단기성 예금 상품인 CD나 표지어음, 발행어음, 정기예탁금, CMA, MMDA 등에 예치해 운용하는 것이

유리하다. 그 중에서도 여러 면에서 가장 추천할 만한 상품은
CMA이다.

1) 안전자산은 단기 예금 상품으로 운용

경기가 회복세를 보이면서 금리가 〈그림 10-2〉와 같이 상승
하는 시기에는 장기 확정금리 상품보다는 단기 상품으로 금리
상승 추세를 타야 한다. 그래야 상승하는 금리를 타면서 수익을
극대화할 수 있기 때문이다.

기간이 짧은 상품일수록 좋으며 이 국면에서는 종금사의
CMA가 가장 좋은 상품이다. 왜냐하면 금리 상승 추세가 그대
로 수익률에 반영되기 때문이다. 그러나 보다 안전성을 원하는
예금자라면 은행의 CD나 표지어음, RP등을 최대한 짧게 예치
하며 금리 상승효과를 활용하는 것도 괜찮은 방법이다

2) 채권형 펀드는 환매 및 보류.

금리가 상승하면 채권 가격은 반대로 떨어지게 된다. 따라서
매매 손실을 입게 되므로 금리가 오를 것 같으면 이미 가입한
채권형 펀드는 가능하면 환매하고 다른 상품에 투자하는 것이
유리하다.

물론 각 상품마다 중도 환매 수수료와 금리 동향이 장기화될
것인지 아니면 일시적인 현상으로 그칠 것인지를 잘 판단해야

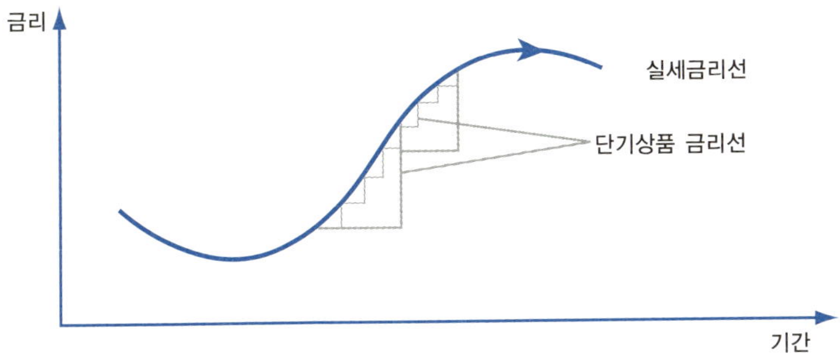

〈그림 10-2〉 금리 상승기 안전자산운용

손실을 보지 않을 것이다.

2010년 이후 금융자산 운용 전략

2010년 이후 경기 침체와 함께 주가가 하락하고 금리도 하락 추세에 들어서게 될 때 취해야 할 금융자산 운용 전략을 요약하면 다음과 같다.

경기가 호황을 누리고 과열 우려가 강하게 제기되면서 통화당국의 정책금리 인상 주기가 짧아지고 경제성장률이 둔화되기 시작하면 주식비중을 축소하면서 자산을 예금상품과 채권 쪽으로 전환해야 한다.

이것은 평상시의 시장 상황에서의 지침이다. 이렇게 하면 경기가 확장기일 때 증식했던 자산을 안정적으로 늘릴 수 있게 된다. 그러나 이때를 놓치고 계속 주식을 쥐고 있게 되면 그 동안

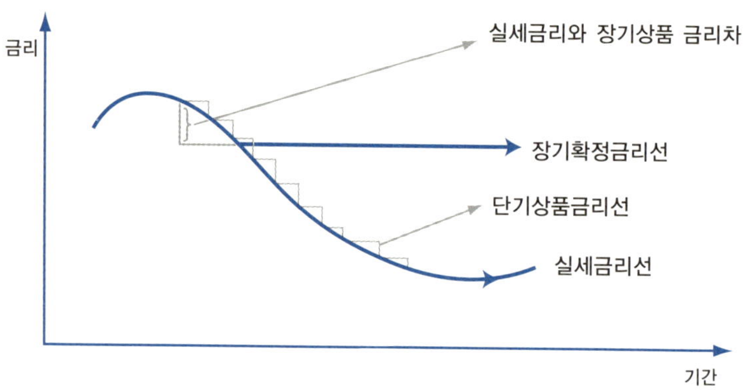
<그림 10-3> 금리하락기 안전자산 운용

에 벌어 놓은 이익을 크게 날려 버릴 것이다.

경기가 최고조에 이르고 주가가 하락하기 시작하면 안전자산인 예금은 가능한 한 장기로 가입해서 이자소득을 높이면서 채권비중을 높이도록 한다. 이때는 직접투자라면 장기채권 보유를 늘려야 하고 간접투자라면 장기채권펀드를 가입하는 것이 좋을 것이다. 왜냐하면 금리 하락 추세에서 장기채권이 단기채권보다 매매차익을 더 크게 볼 수 있기 때문이다.

1) 안전자산은 장기 확정금리 상품에 예치한다.

<그림 10-3>과 같이 금리 하락이 예상되면 장기 확정금리 상품에 예치하여 높은 금리를 만기까지 고정시켜 둔다. 나중에 금리가 하락하면 차이만큼의 금리 이득을 볼 수가 있다.

〈그림 10-4〉 금리하락기 채권펀드 활용

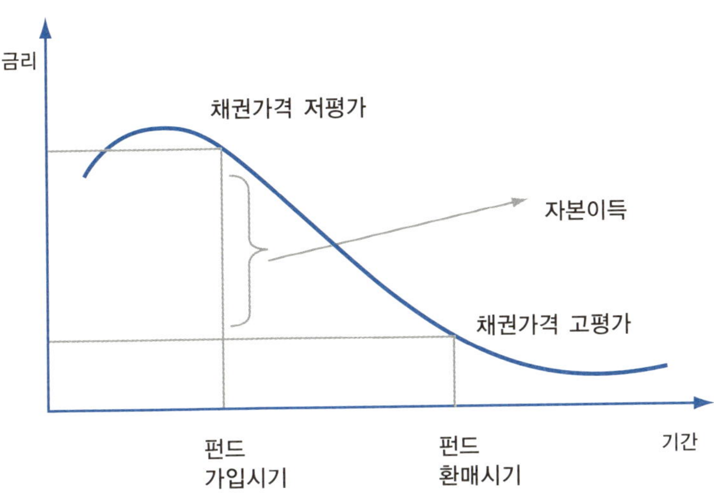

이때 장기 확정금리 상품이 금리 리스크 상 변동 금리 상품보다 수익률이 다소 낮게 적용되지만 긴 안목으로 이 금리로 수익을 묶어 두면 결과적으로 훨씬 높은 수익을 올리는 결과가 된다.

2) 직·간접 투자의 채권 비중을 높인다.

〈그림 10-4〉처럼 금리 하락이 예상되면 채권형 펀드 가입을 적극적으로 고려해 봐야 한다. 채권투자는 금리가 높을 때 매입해서 금리가 낮을 때 매도함으로써 매매차익을 노리기 때문에 앞으로 금리가 하락할 것으로 보이면 채권투자나 채권형 펀드 가입을 서두르는 것이 좋다. 특히, 금리하락기의 수시입출금식 상품은 MMF로 활용하는 것이 CMA나 MMDA보다 유리하다.

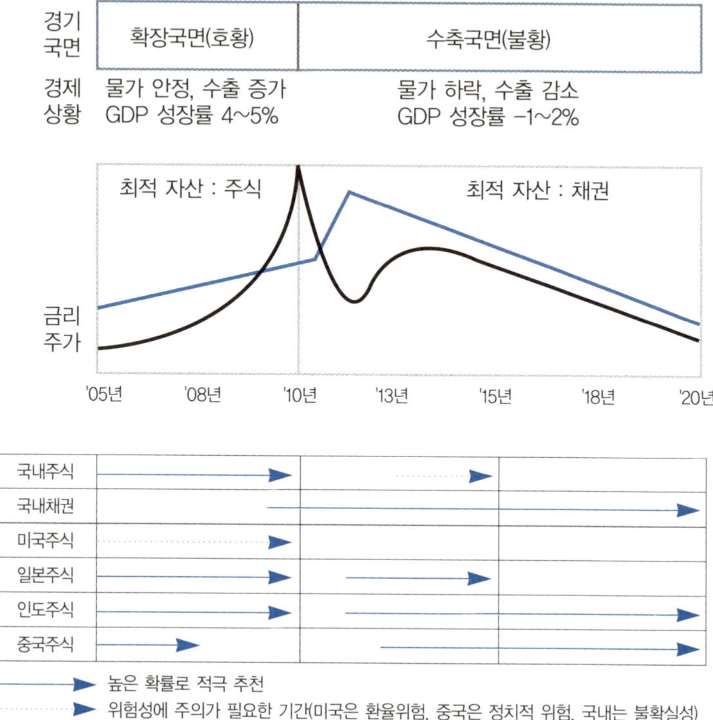

종합

지금까지 설명한 내용을 종합하여 도표로 요약한 것이 위의 〈그림 10-5〉이다. 단 그림의 로드맵은 '역이민 정책'과 중국의 내수기반 확대가 성공적이지 못한 경우를 전제로 한 것이며 각 자산별 운용시기는 경제상황에 따라 조정이 필요할 것이다.

채권형 펀드 가입 시 주의할 점

금융상품의 만기는 자금의 운용 기간을 기준으로 정하는 것이 상식이다. 그리고 투자자의 예치 기간과 운용 대상 자산의 만기가 일치하는 것이 금융기관이나 투자자 입장에서도 바람직한 운용 방안이다.

그런데 우리나라는 아직 채권형 펀드의 기간별 분류 기준을 펀드가 투자하는 대상 채권의 (가중)평균만기를 의미하는 듀레이션(Duration)으로 하지 않고 중도환매 가능 일수로 정하고 있다. 다시 말해서 중도환매 수수료를 물지 않고 환매할 수 있는 기간을 기준으로 단기, 중기, 장기 펀드로 분류하고 있다.

〈현행 분류 방법〉
① 장기형 : 환매수수료 면제 기간이 180일 이상 1년 미만인 펀드
② 중기형 : 환매수수료 면제 기간이 90일 이상 180일 미만인 펀드
③ 단기형 : 환매수수료 면제 기간이 90일 미만인 펀드

〈개선 방안 및 투자 시 확인 포인트〉
① 장기형 : 펀드의 듀레이션이 3년 이상인 펀드
② 중기형 : 펀드의 듀레이션이 1~2년인 펀드
③ 단기형 : 펀드의 듀레이션이 1년 이내인 펀드

투자 상담 시 채권펀드의 기간을 상품 안내장 등에 의존하지 말고 듀레이션이 얼마인지를 확인하여 투자 기간과 듀레이션이 일치하거나 근사한 펀드에 투자하는 것이 바람직하다. 액면상의 기간은 중도환매수수료를 기준으로 표기되어 있기 때문에 이것을 믿고 투자했다가 금리가 급등하면 손실을 입을 수도 있다.

적립식 펀드 투자 전략

Baby Boome

11

1. 적립식 펀드, 2007년 상반기이전에 들어라
2. 적립식 펀드와 변액보험, 투자지침

적립식 펀드,
2007년 상반기 이전에 들어라

지금까지 이 책에서 필자가 가장 바람직한 주식투자 방법으로 줄기차게 역설하고 있는 것은, 바로 눈앞의 작은 단기차익을 추구하는 단타 투자도 아니고 그렇다고 맹목적인 장기투자도 아니며 펀더멘털에 기초한 장기투자이다.

이 점은 거치 투자건 정액적립 투자(이하 '적립투자'로 약칭)건 적용상에 차이가 없다. 단지 거치투자가 시간의 분산효과를 누리지 못하는 데 반해 적립투자는 투자시기를 분산시키는 효과로 위험을 더 감소시키는 이점이 있을 뿐이다.

그 대신 적립투자는 시간 분산효과를 통해 위험을 더 낮추는 대가로 기대수익이 거치투자보다 낮다는 점을 인식해야 한다. 〈표 11-1〉에서 보듯이 직접투자는 개별 종목의 위험에다 시장

<표 11-1> 투자 방법별 위험도 비교

구 분	직접투자	간접투자		비 고
		거치투자	적립투자	
개별위험	높음	낮음	낮음	비체계적 위험
시장위험	높음	높음	낮음	체계적 위험

위험도 높다.

그러나 간접투자는 분산투자 효과로 인해 개별종목 위험을 현저하게 낮추는 효과가 있고 단지 시장위험만 부담하면 된다. 그런데 적립투자는 이들 두 가지 위험을 모두 제거하는 효과를 노릴 수 있다.

현재 한국 주식시장을 지배하고 있는 두 가지의 패러다임은 장기투자와 적립식 투자라고 해도 과언이 아니다. 이것을 한 마디로 더 압축하면 '장기 적립투자'로 표현할 수 있는데, 앞에서 지적했듯이 이 주식투자 문화는 우리 주식시장을 안정적 성장의 토대를 마련했다는 공로도 있는 반면에 자칫 투자자들을 위험 속으로 몰아가는 부작용도 우려되고 있다.

평균매입단가 비싸져야 좋다.

우리가 상식적으로 생각해 봐도 위험이 낮은 상품이 위험이 높은 상품보다 기대수익이 높을 수는 없는 일이다. 그런데도 우리 한국에서는 어찌 된 일인지 적립식 투자가 투자시기를 분산함으로써 주가변동 위험을 낮추면서 같은 시기에 시작한 거치

투자자보다 수익률이 높은 것으로 전파되고 있어 심각한 일이 아닐 수 없다.

현재 한국 주식시장에서 만연되어 있는 적립식 투자 개념의 핵심은 다음과 같다.

① (정액)적립식 투자는 투자시기를 분산시킴으로써 주가변동 위험을 크게 낮출 수 있다.
② 주가가 떨어지면 주식을 싸게 더 많이 사서 평균매입단가가 떨어져 수익을 크게 높인다.

여기서 맞는 것은 ① 뿐이다. ②는 주가나 펀드의 기준가격이 투자 시작 시점 이후 하락했다가 애초의 수준으로 복귀했을 경우뿐이다. 이른 바 'U-Curve' 구간이다. 그 뒤에 주가가 계속해서 상승하게 되면 다음 〈그림 11-1〉처럼 적립식 투자자는 평균매입단가가 높아져 거치 투자자보다 수익률이 낮아지게 된다.

중요한 점은 적립식 투자도 주가가 저점일 때 시작해서 고점일 때 환매하는 것이 성공적인 투자다. 만일 주가의 고점을 알건 모르건 이때를 놓치고 주가가 다시 상승했을 때 환매한다면 수익성과는 현격하게 떨어져 버린 다음이고 그보다 위험한 것은 주가가 장기간 하락해 버릴 경우 원금 회복을 못하게 될 가능성이 매우 크다는 점이다.

〈그림 11-1〉 U-커브에 대한 재인식

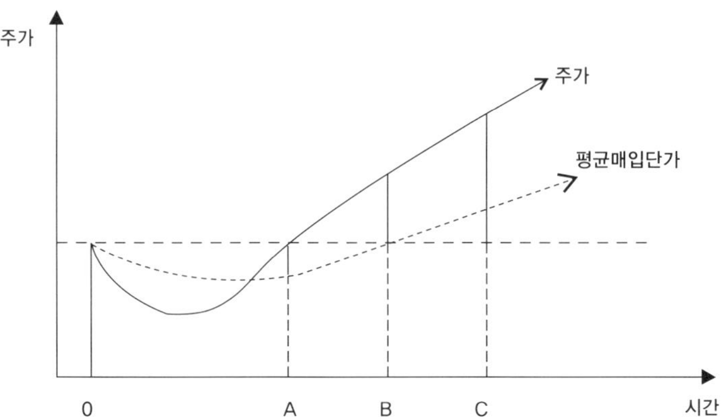

위의 〈그림 11-1〉에서 확인할 수 있는 바와 같이 주가가 저점일 때 가입해서 고점일 때 환매 해야만 수익을 최대로 낼 수 있다. 그리고 환매한 다음에 주가가 하락하는 동안에는 채권이나 예금 등 안전자산으로 운용하며 기다려야 한다. 그렇지 않고 평균매입단가 효과를 기대하거나 환매 적기를 놓쳐 주가 하락기 동안 계속 적립을 하게 되면, 주가가 언제 다시 상승해서 기대수익을 달성할 수 있을지도 모르거니와 다시 상승했을 때 환매한다 하더라도 수익성과는 기대 이하가 될 것이다. 그래도 이렇게 되면 다행이다.

그러나 불행하게도 주가가 하락하는 기간 중에, 불의의 사고나 부득이한 사정으로 자금이 필요하게 돼 인출을 할 수밖에 없는 상황에 처한다면 원금 손실을 입을 수밖에 없다. 이 구간이 다음 〈그림 11-2〉에서 주가가 평균매입단가 선 아래에 위치하

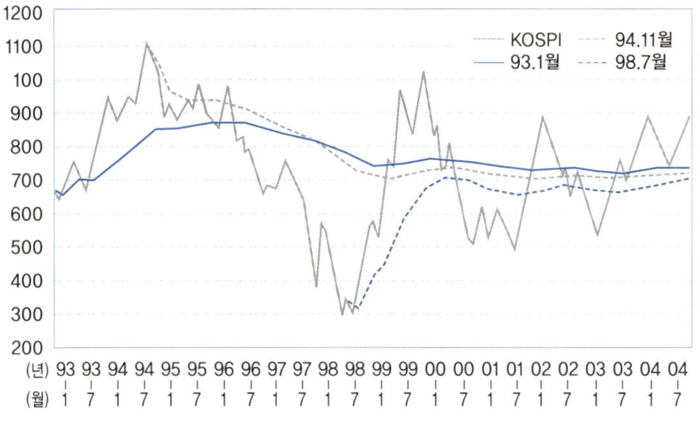

는 시기이다.

생각해 보자. 우리 한국의 경우 1994년 11월부터 주가가 하락하기 시작해 1998년 9월까지 거의 4년간 주가가 하락했고 소위 U-Curve를 이루는 1994년 11월부터 1999년 12월까지 5년이나 기다려야 한다. 지금이니까 5년이라고 말할 수 있는 것이지 당시로서는 그것을 어떻게 알겠는가? 1993년 1월에 가입한 투자자도 1994년 11월쯤에 환매하는 것이 최상이었다. 주가가 오를 때는 평균매입단가도 오르게 되지만 이 경우가 적립식 투자자에게 가장 행복한 시기다.

미국의 적립투자 결과

그렇다면 주가가 장기 상승하는 경우에 적립식 투자의 성과가 어떨 것인지를 알아보기 위해 1990년대 미국 다우지수를 추종하

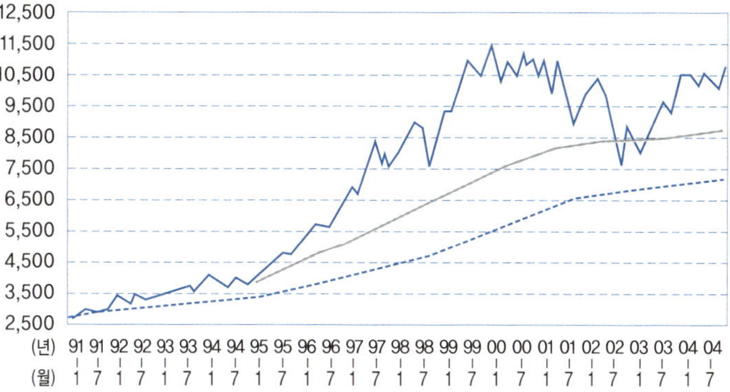

〈표 11-2〉 미 다우지수 투자 연 수익률 비교

연월말	다우지수	평균단가	거치투자	적립투자
1991.1월	2,736.39	2,736.39	–	–
1991.12월	3,168.83	2,964.39	6.9%	6.9%
1994.12월	3,834.44	3,397.30	10.03%	3.21%
1995.12월	5,117.12	3,625.08	17.40%	8.23%
1996.12월	6,448.27	3,984.26	22.61%	10.31%
1997.12월	7,908.25	4,477.59	27.00%	10.95%
1998.12월	9,181.43	4,994.16	29.44%	10.48%
1999.12월	11,497.12	5,603.12	35.57%	11.69%
2000.12월	10,786.85	6,111.60	29.40%	7.65%
2004.12월	10,783.01	7,127.20	21.00%	3.74%

는 인덱스 투자를 분석해 보기로 하자. 앞의 〈그림 11-3〉은 1991
년 1월부터 2004년 12월까지와 1995년 1월부터 2004년 12월까
지 매월 말일의 다우지수를 추종하는 인덱스 투자의 투자성과를
나타낸 그래프이고 〈표 11-2〉는 '91년 가입 기준 매 연도별 거치
투자와 적립투자의 단순 연평균 수익률을 표시하고 있다.

역 U-Curve와 장기 하락의 경우

과거 우리 한국에서 발생한 U-Curve와 미국의 장기 상승 시기의 적립 투자 결과에 대해 알아보았기 때문에 이번에는 역 U-Curve와 장기 하락의 경우에 해당하는 일본 사례를 분석해보기로 한다.

미국과 마찬가지로 일본의 주가변동 이유와 지수에 대한 상세한 설명은 생략한다.

이상에서 살펴 본 결과, 우리는 적립식도 앞 뒤 가리지 않는 투자는 위험하기 짝이 없다는 결론을 얻게 되었다. 그리고 거치 투자와 마찬가지로 '저점 가입-고점 환매' 전략을 추구해야만 한다. 주가가 언제 저점이고 언제 고점인지 알 수 있는 방법은 이미 앞에서 설명했다.

단, 적립식 투자가 평균매입단가 효과에 의해서 거치투자보다 유리한 점은 예측이 빗나갔을 경우 손실이 상대적으로 작다는 점과 그래서 큰 부담 없이 투자를 시작할 수 있다는 것, 그리고 수익률 예측이 어느 정도 가능하다는 것이다.

적립식 펀드 환매 2008년 이전에 하지 말아야

앞에서 살펴 본 바에 의하면 향후 한국 주가는 2009년 무렵까지 높게 상승했다가 이후 크게 하락하고 다시 2015년까지 상승한 후 장기간 하락할 가능성이 크다. 왜냐하면 이 2015년 이

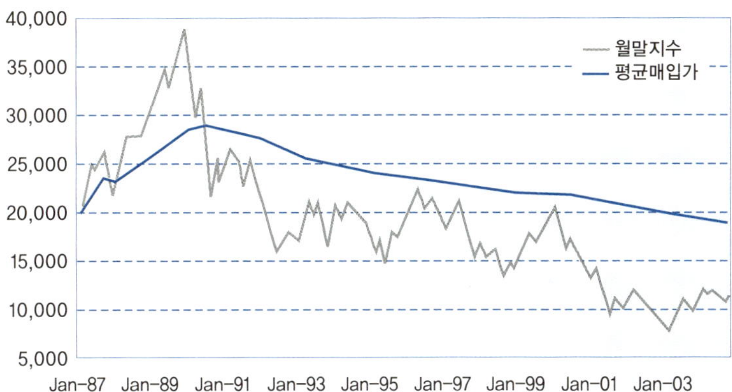

〈자료 : 니케이신문〉

후에도 2003년의 경우처럼 중국과 인도 등 아시아 지역의 경제 성장으로 수출이 늘어날 것으로 보이지만 국내 인구가 감소하면서 내수가 부진할 것이기 때문이다. 앞에서 언급한 바처럼 역이민 정책 등이 성공적으로 추진되어서 내수 기반이 확충될 수 있을 것인지 지켜 볼 필요가 있다.

이와 같은 주가의 움직임을 그려 볼 수 있다면 앞으로 적립식 투자자의 주가 및 평균매입단가 곡선은 위의 〈그림 11-4〉와 유사하게 그려지게 될 것이다.

2009년 이전에 적립식펀드에 가입한 투자자는 전반적인 추세 상으로 펀드의 기준가격과 평균매입단가의 움직임이 앞의 〈그림 11-5〉와 같이 나타나게 된다. 즉 수개월 이내에 짧은 기간 동안에는 주가가 조정을 받으면서 하락했다 반등할 수 있지

〈그림 11-5〉 향후 한국 주가와 평균매입단가 흐름 예상도

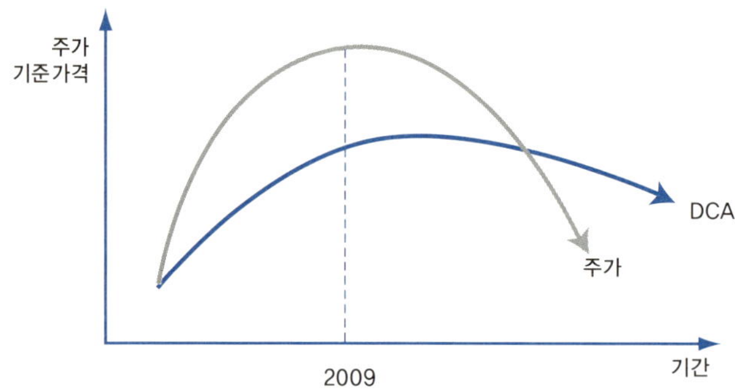

만 전반적인 추세는 적어도 2009년까지 상승 추세를 보이다가 이후 폭락 장세를 나타낼 가능성이 크다는 것이다. 정확하게 그린다면 주가의 흐름은 다음 그림과 같이 그려져야 할 것이다.

이렇게 된다면 적립식펀드 투자자는 환매시기를 잘 잡지 못하면 원금 손실 사태를 면하지 못할 것이다. 이때에 환매를 하지 않아도 주식을 싸게 많이 사기 때문에 계속 적립했다가 다시 주가가 오를 때 환매하면 수익이 높아진다고 얘기할지도 모른다.

그러나 필자는 전혀 그렇지 못하다고 자신 있게 말할 수 있다. 2009~2010년 사이의 주가 폭락 이후엔 이 폭락 직전의 주가 최고치가 다시 회복될 수 있을지 장담하기 어렵고 설사 회복된다 하더라도 연 수익률로 따졌을 때 그 성과는 형편없이 낮을 수밖에 없다.

따라서 적립식펀드 가입자는 폭락 전에 적정 수익률을 실현한

후에 환매하는 것이 최선이다. 이것이 이번 강세장에서 성공하는 투자전략이다. 만일 평균매입단가 하락 효과에 집착하여 폭락 전에 환매하지 않는 투자자는, 그때까지 벌어놓은 수익을 한순간에 다 허공에 날려버리고 또 인고의 세월을 견뎌야 할 것이나 그 인내는 헛수고로 그칠 것이다.

주식시장이 안정적으로 상승하도록 적립을 하는 것도 투자자의 마음이고 환매하는 것도 투자자의 마음이다. 그러나 어떤 결정을 내리는 것이 현명할지는 스스로 판단할 몫이다.

2007년 상반기 이전이 가입 적기

그래서 필자는 지금까지 분석한 결과에 따라서 적립식 펀드는 가입 적정 시기가 2007년 상반기까지임을 독자분들게 말씀드리고 싶다. 적립식 투자도 거치투자와 마찬가지로 주가가 저점일 때 가입해야 하기 때문에 이미 최적기는 놓쳤지만 2006년 말까지는 너무 늦은 것은 아니다. 지금 이 책을 읽고 있는 중이라도 아직 가입하지 않았다면 잘 선택하여 가입하길 바란다. 2007년 상반기 이전이라면 2년 정도의 시간적 여유가 있고 2006년이면 3년 여의 여유가 있다.

2007년에 들어서면 이번 강세장은 후반전에 들어선다. 평균매입단가가 상당히 높아진 상태에서 가입하기 때문에 주가의 움직임을 예의 주시하지 않으면 안 된다. 2006년 이전에 가입한 투자자에 비해 수익률이 그리 썩 높지 못하고 원금 손실 위험은 높아진 상태다. 그래도 2년 동안의 주가 급등 혜택을 누릴 수 있기 때문에 가입해도 별 문제는 없을 것이다. 단지 평균매입단가가 높기 때문에 2006년 이전에 가입한 투자자보다 환매 시기를 앞서서 잘 잡아야 한다는 점을 지적한다.

적립식펀드의 비과세 노리지 마라.

적립식 펀드의 비과세 혜택 부여 문제에 대해 정부는 불가 방침을 밝힌 바 있으나, 증권업계와 유관 기관에서는 계속 적립식 펀드의 비과세 혜택 부여를 줄기차게 제기하고 있다. 장기 투자자에게 세제 혜택을 부여함으로써 장기 주식투자를 권장하고 주식시장의 안정성을 높이자는 취지일 것이다.

이 문제는 현 정부의 정책 방향으로 볼 때 가능성은 낮다고 보지만 설령 비과세 혜택이 적용된다고 할 때 과연 비과세 혜택을 받기 위해 기간 조건을 채울 것인가 아니면 그 전에 환매 시기가 된다면 비과세 혜택을 포기하고 환매를 하는 것이 더 나을 것인가 하는 문제가 생긴다.

만일 적립식펀드에 비과세 혜택이 부여된다면 기간 조건은 장기주택마련펀드와 형평성 차원에서 7년 이상이 될 것으로 본다. 그렇지 않고 5년 이상이라 하더라도 향후 5년이면 2010년이기 때문에 주가가 하락하기 전에 비과세 혜택을 포기하고 환매를 해야 할지 아니면 비과세 혜택을 받기 위해 계속 불입을 해야 할지 판단이 어려울 것이다. 이 문제에 대한 필자는 정확한 것은 그때 비교를 해 봐야 하겠지만 비과세 혜택을 포기하고 환매를 하는 것이 유리할 것이라고 본다.

앞에서 살펴봤듯이 과세 이익은 전체 이익이 아니라 주식배당 소득과 채권부분 이익 그리고 기타 증권이자 소득에 대해 15.4%가 원천징수 된다. 전체 이익에 대한 이 과표이익이 비중이 각 펀드마다 천차만별이기 때문에 평균적인 기준을 말할 수 없지만 그리 높지는 않은 편이다. 어차피 주식매매차익 부분은 비과세 부분이니까 비과세 혜택이 절대적으로 큰 것은 아니다. 작은 비과세 혜택을 받기 위해 주가 하락으로 큰 손실을 본다면 그야말로 진짜 비과세(?) 혜택을 누리게 될 것이다. 차라리 세금을 내고 이익을 취하는 것이 현명한 투자 전략이다. 〈그림 11-5〉에서 고점에 해당하는 시기인 2008년이나 2009년에 판매해야 한다는 말이다.

적립식 펀드와 변액보험 투자지침

적립식 펀드 투자지침

'적립식 펀드와 변액보험' 이 두 상품은 현재 우리 주식시장을 살려낸 은인이라고 표현해도 지나친 말이 아닐 것이다. 장기투자와 적립투자로 표현되는 새로운 주식투자 문화를 만들어낸 장본인이고 주식시장 활황의 일등 공신인 상품들이다.

이들 두 상품은 시간적으로 분할 투자하기 때문에 주가의 변동에 따라 매입가격이 달라지더라도 평균매입단가 효과(Dollar Cost Averaging Effect)가 작용돼 원금 손실 위험을 크게 줄일 수 있다.

마치 이 평균매입단가 효과가 거치투자보다 위험을 줄이면서 수익은 더 높이는 것처럼 전파돼 혼선을 초래하기도 하지만 노후자금을 마련하기 위한 훌륭한 상품임에는 틀림이 없다. 그리고 이 두 개의 적립식 투자 상품은 직장인 등 급여생활자들의 노후대비를 위한 더할 나위 없이 좋은 상품이다.

이들을 위해서 적립투자 상품이 갖는 이점은 거치투자에 비해 상대적으로 수익률 예상이 가능해 재무 설계가 가능하고 이를 토대로 적정 시기마다 오차를 조정해 나가면 노후자금을 마련해 나갈 수 있다는 것이다. 이 수익률은 필자가 여러 경우의 수익 분석을 통해 다음과 같이 밝힌 바 있다.

향후 10년기준 장기투자시 예상 수익성과

인덱스 투자 : 연 5~7%이하

우량주 투자 : 연 10%이하

물론 펀드의 투자전략이나 스타일에 따라서 오차가 있을 것이지만 보수적인 기준이 될 수 있다. 여기에는 오히려 원금 손실 위험도 있다는 것을 염두에 두어야 할 것이다. 권하건대 펀더멘털을 바탕으로 환매시기를 잘 선택하여 더 높은 수익률을 실현할 수 있기를 바라지만 그렇지 않고 시장상황에 상관없이 주식에 적립식으로 꾸준히 투자한다면 위에서 언급한 수익률도 만만치 않은 수준이고 원금손실 가능성마저 있다.

그러나, 만일 독자가 2009년을 전후한 시기에 환매를 잘 해서 채권이나 예금 등 안전자산으로 운용을 변경한다면 최소한 연 20%이상의 수익률을 올리게 될 것이고 노후는 더 행복해질 것이다.

변액보험 투자지침

적립식펀드와 변액보험 이 두 상품은 외양상 적립투자라는 모습을 띄고 있다. 그러다 보니 많은 보험설계사들이 – 필자는 '재정상담사'가 더 적절하다고 생각하기 때문에 이 호칭을 사용하기로 한다. – 변액보험을 적립식펀드 개념으로 판매해 왔고 여기에서 사업비가 차감되다 보니 적지 않은 부작용이 빚어졌던 것이 사실이다.

실제로 매스컴에서 변액보험에 대해 부정적인 보도가 많이 있었다. 그리고 바로 그 원인은 사업비다. 이 점에 대해서는 보험업계와 재정상담사들이 반성할 점과 책임이 상당 부분 있다는 것을 필자는 지적하는 바이다. 그러나 투자자들도 이 사업비 문제에 대해 보다 더 진지하게 생각할 필요가 있다는 점을 얘기하겠다.

세상에 어느 상품이나 서비스도 대가가 없는 것은 없다. 이것은 다 공감하겠지만 과도하다고 생각하는 것이겠는데 변액보험의 사업비가 과도한 것은 아니라는 것이다.

아직은 재정상담사들이 과거의 '단순 판매'에서 '재무 설계'

내지는 '자산관리' 차원의 판매로 전환되는 과도기여서 판매 자세나 설명상의 문제가 있기는 하지만 변액보험은 펀드변경 기능과 비과세 혜택 그리고 1:1 재무상담 서비스 제공 측면에서 충분한 가치가 있는 상품이다.

변액보험의 펀드변경

이 펀드변경에 대해서는 국내에서 그 필요성과 중요성 그리고 효과 및 구체적 방법 제시까지의 보급에서 필자가 결코 작지 않은 기여를 했다고 자부하고 있다.

이 펀드변경은 변액보험을 적립식 펀드와 자산운용 면에서 차이를 결정짓는 기능이다. 펀드변경에 의해서 변액보험은 적립투자에서 거치투자로 투자방법이 전환되게 된다. 선행지수를 비롯한 경기지표를 잘 활용하여 펀드변경 전략을 잘 구사하면 변액보험에 가입한 투자자는, 주식으로만 적립 투자하는 투자자보다 지속적으로 높은 수익을 얻을 수 있다. 물론 투자자 자신이 판단할 수 있다면 더 좋은 일이고 그렇지 못하다면 재정상담사의 도움을 받아 펀드변경을 하는 편이 오류를 많이 줄일 수 있고, 따라서 좋은 결과를 얻을 것이다.

이 펀드변경의 효과에 재정상담사의 역할을 감안한다면 변액보험의 사업비는 결코 과다한 것이 아니다. 투자가 위험한 이유는 매입보다 매도 타이밍이 어렵기 때문이다. 그리고 이것이 중요한 포인트이다. 내가 잘 할 수 있다고 생각할지 모르지만 현실적으로 그때가 되면 그렇지가 못하다. 회사 일이나 사업 때문에 바쁘고 또 정보가 부족하기 때문에 타이밍을 놓치기 쉽고 머리가 복잡하다 보면 정확한 판단을 내리기가 어렵다. 이럴 때 객관적으로 상황 판단을 도와 줄 수 있는 사람이 있다는 것만으로도 큰 이득을 얻는 것이다.

문제는 과연 "나에게 변액보험을 판매하는 재정상담사가 그런 능력과 실력을 갖추고 있는가?"일 것이다. 이 점을 잘 판별하는 안목을 갖춘다면 변액보험 가입에서 절반은 성공을 보장받는 셈이다. 마치 바둑이나 장기를 둘 때 내 편을 들어주는 훈수자를 한 사람 두는 셈이다.

비과세 혜택

비과세 혜택도 사업비를 상쇄하고도 남는 큰 혜택이다. 대부분의 사람들이 사업비에만 초점을 맞추지만 이 비과세를 잘 살펴보면 사업비는 그리 큰 문제가 아니다. 혹자는 적립식펀드도 비과세 혜택이 부여될 것이라고 얘기할 수 있다. 적립식 펀드도 비과세 혜택이 부여된다면 사업비 없이 절세 혜택을 누릴 수 있을 것은 틀림이 없다.

그러나 현 정부의 정책과 점차 비과세 상품을 폐지시켜 나가는 추세를 감안할 때 적립식 펀드에 비과세 혜택이 부여될 가능성은 별로 없다. 오히려 변액보험을 포함한 보험 상품도 언젠가는 비과세 혜택을 상실하게 될 것으로 필자는 예측하고 있다.

설사 적립식 펀드에 비과세 혜택이 부여된다고 하더라도 변액보험처럼 예치 한도에 제한 없이 비과세 혜택이 부여되지는 않을 것이다. 앞으로 2006년이면 장기주택마련저축도 폐지될 것이고 농어가저축도 폐지될 예정이다. 그리고 주식매매차익에 대해서도 과세를 추진하고 있는 마당에 적립식 펀드에 비과세 혜택을 부여하기는 어려울 것으로 보인다.

급여생활자인 직장인은 비과세 혜택이 그리 크게 와 닿지 않을 것이지만 금융소득이 4,000만원을 초과하거나 초과 예정 상태에 있는 투자자는 지금부터라도 대책을 마련하는 것이 좋다. 이유를 말하자면 이 사람들에게 금융상품의 세율은 15.4%가 아니기 때문이다. 근로소득이나 다른 소득을 합해서 4,000만원을 넘으면 28.6%이고 8,000만원을 넘으면 38.5%로 조정해서 추가로 납부해야 한다.

전문직에 종사하는 고소득자나 자산가는 변액보험의 비과세 효과가 매우 막강하다. 더욱이 곧 닥쳐 올 주가 하락 전 환매와 주식매매차익 과세를 대비할 것을 적극 권하는 바이다. 이를 위해서는 변액보험 이상의 상품이 현재로서는 없다.

예를 들어 전문직이나 자영 사업자 등 고소득자는 2009년이나 2010년에 종소세를 크게 내야 할 것이다. 이때 주식형 펀드를 환매해야 할 것인데 과세대상 소득도 상당할 것이기 때문이다. 이후에는 채권형 펀드에 투자해야 하는데 채권형 펀드는 이익 전체가 과세 대상이다. 그러나 변액보험은 이 상품 안에서 주식형이든 채권형이든 이익에 대해서 언제나 비과세가 적용된다. 아마도 조만간에 주식매매차익에 대해 과세가 시행되면 직·간접을 불문하고 모든 투자이익에 세금이 부과될 것이다.

급여생활자로서도 변액연금보험은 은퇴 후에 받는 연금에 대해 연금소득세를 절약할 수 있는 상품이다. 펀드변경에 의한 위험관리 기능과 수익제고 기능에다 노후에 받을 연금에 대한 비과세 효과는 결코 가볍게 볼 수 있는 것이 아니다.

연금저축 제도의 연금신탁은 채권에 주로 투자하는 관계로 안정성 면에서는 좋지만 수익성이 유리하지 못하며, 연금투자신탁은 주식형이나 주식혼합형인 경우 수익성 면에서 변액연금과 별 차이가 없지만 연 240만원 한도 내에서만 소득공제 혜택을 받고 은퇴 후에는 이 부분에 대해 이익금을 포함해 연금소득세를 내야 한다는 불리한 점이 있다. 혜택 한도가 월 20만원에 불과하니 초과금액은 혜택을 받을 수가 없다. 이런 점들을 고려해 볼 때 변액연금보험은 장점이 많은 상품이다.

노후 대비 Check Point

Baby Boome

1. 베이비 붐 세대의 체크 포인트
2. 2030세대의 체크 포인트
3. 고소득자 및 자산가의 체크 포인트
4. 부동산을 버리고 주식을 사라

01 베이비 붐 세대의 체크 포인트

베이비 붐 세대는 그 동안 한국경제의 성장 주역으로 역할을 담당해 왔다. 두터운 연령층을 형성하여 한국 경제가 고도성장 하는데 필요한 풍부한 노동력을 제공해 왔고 또한 동시에 막강한 소비 세력이 되어 줌으로써 시장을 제공하여 민간소비의 중추적인 역할을 맡아 왔다.

한편 베이비 붐 세대는 위와 같은 역할과 함께 이전 세대의 은퇴자들에게는 그들의 은퇴자금 마련을 위한 자산 매각의 수요자가 되어 주고 또 금융시장에서 그들이 잉여자금을 마련할 수 있는 상대자가 되어 주었다.

그러나 이제 앞으로 베이비 붐 세대가 은퇴할 때에는 사정이 180도 바뀌게 된다. 베이비 붐 세대가 은퇴를 시작하면 그것만으로도 경제에 충격파가 되고 이후 세대의 취약한 인구로 인해 이들의 노후자금 마련을 위한 자산 매각의 수요자 역할을 해 주지 못함으로써 베이비 붐 세대의 자산가격을 더 하락 시키는 결과를 초래할 가능성이 크다.

이미 식상한 주제가 되어 있기 때문에 자세한 설명은 생략할 것이지만 바로 고령화의 주역이기도 한 것이다. 베이비 붐 세대의 은퇴는 고용시장에서 썰물 현상을 일으키고 주식과 부동산 시장에서 자산 매도 세력을 형성할 것이다. 또한 노인 인구의 대거 등장으로 실버산업을 태동시킬 것이며 수적으로 취약한 이후 세대에게는 부양책임을 과중하게 지우는 원망의 대상이 될 것이다. 이후 세대에게 베이비 붐 세대는 국민연금과 건강보험료 등 사회보험료 부담을 증대시킬 것은 필연이다.

현재 대부분의 베이비 붐 세대는 노후 준비가 취약한 실정이다. 이들이 30대였던 90년대 중반까지 우리나라의 고용시장은 매우 안정된 모습을 보였고 직장의 안정성과 노후문제에 대해서 어느 누구도 문제를 의식하지 못했기 때문이다.

이처럼 무방비 상태에서 외환위기를 맞았고 이후 구조조정 과정을 겪으면서 조기 퇴직 등을 경험한 베이비 붐 세대에게 앞으로 남은 4년여의 주식시장 강세는 하늘이 준 기회이다. 아직까지 충분히 마련하지 못한 노후자금을 마련할 수 있는, 그리고 마련해야 할 절체절명의 기회이다.

필자는 같은 연령층인 베이비 붐 세대에게 아직 남은 2006년에서 2008년까지 기간 동안 주식 투자로 노후자금을 마련하기를 강력하게 권고한다. 2009년이나 2010년까지도 강세 현상을 보일 수 있지만 2008년까지도 아직 3년여의 시간이 남아 있다.

2010년 이후에 몰아닥칠 경제적 한파는 1998년의 외환위기 못지않을 것이다. 2001년과 2002년의 미국 주가 폭락은 강력한 상승 과정 속의 휴식을 위한 하락이었을 뿐이다. 그러나 2010년경에 40대 인구의 급격한 하락과 함께 일어날 미국발 한랭 고기압은 우리 한국을 꽁꽁 얼어붙게 하기에 충분하고도 남을 것이다. 그런데 이 기간이 길 것으로 보이기 때문에 그 기간을 따뜻하게 보내기 위해서는 앞으로 남은 3~4년이 너무도 중요한 시간이다. 앞으로 2008~2009년까지의 자산운용 전략이 은퇴 후 노년의 삶을 결정할 것이다.

역저당 대출

베이비 붐 세대는 역저당 대출(Reverse Mortgage Loan)을 너무 믿지 말기 바란다. 이 세대가 은퇴 후 역저당 대출을 고려할 때에는 이미 부동산 가격이 크게 하락한 다음이기 때문에, 그때의 주택 담보가치로 받을 수 있는 역저당 대출 금액은 지금 생각하는 수준에 크게 미치지 못할 것이다.

형편없이 떨어진 주택 가격으로 받을 수 있는 역저당 대출 금액으로는 편안한 노후를 보내지 못할 가능성이 크다. 다행이 하늘이 도와 대출금이 바닥나기 전에 사망한다면 모르지만 그렇지 못하면 집을 은행에 넘기고 더 여생을 부지해야 할 것이다. 현재 상태로 판단하지 말고 미래를 보기 바란다. 앞으로 어떻게 되겠지 하는 생각은 더더욱 무모한 일이다.

정부가 종신 역저당 대출을 도입한다고 하는데 이것 역시 국민연금의 재판이 될 것이다. 지금 기준으로는 상당한 금액이 될 수 있지만 대출이 필요한 적어도 10년 이후의 시기에 부동산 가격이 지금보다 현저하게 떨어진다면 생활비로 받을 수 있는 대출 금액도 대폭 줄어들 수밖에 없을 것이다.

정부도, 역저당 대출도 기대하지 말고 지금 불요불급한 소비 지출을 줄여서 이 돈으로 주식에 투자하기를 권한다. 또한 거주 주택 외에 투자 부동산이 있다면 8.31 조치의 약발(?)이 사라지길 기다리지 말고 매각하여 주식에 투자하길 간곡히 바란다.

임금 피크제

필자가 속한 베이비 붐 세대 친구들과 얘기를 하다 보면 임금 피크제에 대한 막연한 기대를 많이 가지고 있음을 본다. 사실 임금 피크제는 고령화 사회를 대비함과 동시에 숙련 노동력을 저렴하게 재활용한다는 측면에서 적극적으로 고려되고 있는 바람직한 고용 정책이다.

그런데 이 제도가 본격적으로 시행되기 위해서는 기업의 경영 사정 및 경영환경이 우호적이어야 한다. 지금과 같은 경영 환경이라면 즉 세계경제와 국내 경제가 성장세를 타고 있을 때에는 기업으로서도 임금 피크제는 싫지 않은 고용제도이다. 하지만 가까운 예로 IMF 시절처럼 기업이 위기에 처했을 때 임금 피크제가 가능할 것인가? 필자는 그럴 가능성이 매우 낮다고 생각한다.

독자가 동의하지 않을 수도 있겠지만 기업이 적극적으로 나서지 않을 것은 분명하다. 경제가 불황에 빠져 들 때 있는 직원도 구조조정을 해야 할 마당에 생산성이 떨어지는 직원을 고용할 기업은 많지 않다. 기업은 임금 피크제로 사회적 책임을 다하기보다 생존을 위해 노력할 수밖에 없다. 이것은 기업의 당연한 생존전략이기 때문에 기업을 나무랄 수 없는 일이다. 기업이 쓰러지면 그 안의 근로자도 일자리를 잃고 사회적 비용이 더 커지기 때문이다.

결론은, 정부도 임금 피크제도 국민연금도 역저당 대출도 기대하지 말고 지금 몰려오는 부의 물결을 타라는 것이다. 다시 오지 않을, 이 번 마지막 주식 강세장을 노후 준비의 기회로 잡아야 한다.

2030 세대의
체크포인트

2030세대에게도 중대한 기회

2030 세대에게도 이번 강세장은 재무설계 상 매우 고마운 기회이다. 베이비부머에 비해 이 세대에게는 노후를 위해 기회가 더 있다. 그런 면에서 시간적으로 2030 세대는 노후를 위해 매우 유리한 입장이다.

그러나 이것은 노후를 위해 준비하는 사람에게만 해당되는 얘기다. 자신의 한 번뿐인 삶에 대해 일찍부터 진지한 자세로 임하고 대비하는 사람에게만 기회가 되는 것이다. 그리고 한 가지 알려 주고 싶은 것은 이번 강세장 이후에 지금의 2030 세대가 노후를 맞기 전에 이번처럼 주가가 크게 오르는 장은 기대하기 어렵다는 것이다. 그 이유는 너무도 잘 알 것이다. 왜냐하면 젊은 인구가 급격히 줄고 노령인구가 반대로 빠르게 늘기 때문이다.

그러니까 2030 세대도 이번 강세장을 놓치게 되면 다음엔 주식으로 자산을 늘릴 가능성이 많이 줄게 되고 채권 위주로 자산 운용을 해야 한다. 다시 말해서 재무설계 상 예상 수익률이 지금보다 많이 낮아지게 될 것이기 때문에 2009년 전후까지의 주가 상승기를 놓치지 말아야 한다는 얘기다.

앞으로 3~4년간 주식을 이용해 열심히 저축을 해 놓은 사람과 그렇지 않은 사람의 10년 후 자산 규모는 그 차이가 굉장히 클 것이다. 이 기간에 주식으로 자산을 크게 늘려 놓은 사람은 이후 채권으로 자산을 운용하더라도 상당한 규모로 노후자금을 증식 시킬 수 있고 은퇴를 여유 있게 맞이할 수 있다.

원하는 시기에 은퇴하고 또 하고 싶은 일을 거리낌 없이 할 수 있으려면 2009년 무렵까지 최대한 절약하고 저축할 것을 권한다. 이 책을 덮으면 가까운 증권사를 찾아 원하는 스타일의 펀드를 상담해서 가입하기 바란다.

수수료에 연연하지 말라

수수료에 너무 연연하지 말고 수수료가 싸게 개편될 소식을 접하고 있다 하더라도 마음에 드는 펀드라면 그때까지 기다리지 말고 바로 가입하라. 수수료를 절약하는 것보다 소비하지 않고 저축하는 것이 더 중요하며 수익상으로도 더 유리할 것이다.

모든 조건이 동일한 두개 이상의 펀드는 없기 때문에 수수료 비교는 별 의미가 없다. 펀드구조와 수수료를 비교하다 보면 허송세월만 하게 될 것이다. 수수료가 싼 펀드를 골라서 가입하라는 말은 그야말로 전문가들의 전문가적인 얘기일 뿐이다.

2030 세대는 대부분 생애주기 단계상 여유자금이 많지 않을 것이기 때문에 적립식 펀드를 주로 가입할 것이다. 여유자금이 있다면 거치투자를 하는 것이 좋다. 만일 적립식펀드를 가입한다면 정액적립식보다 자유적립식이 더 유리하다. 주가가 낮을 때 불입액을 높여서 수익을 제고할 수 있기 때문이다.

그리고 자산관리를 잘 해 줄 수 있는, 보험사의 재정상담사와 의논해서 변액보험도 가입해 두는 것이 좋다. 변액보험의 비과세 혜택은 그것만으로도 사업비를 충분히 상쇄할 수 있고, 보험상품의 특성상 1 ; 1, 또는 관계 마케팅(Relationship Marketing) 측면에서 위험관리 능력이 탁월하고 정직한 보험 재정상담사라면 앞으로 은퇴까지 긴 기간 동안 당신의 재정 자문역이 되어 줄 것이다. 왜 변액보험이냐 하면, 오랜 기간동안 혼자서 항상 옳은 투자 판단을 할 수 있다면 펀드만으로 혼자서 자산관리를 해도 되겠지만 대부분 그렇지 못하기 때문이다. 재정상담사화 의논하면 오류를 크게 줄일 수 있고 그 결과 당신의 인생 결승점에서 성공할 수 있다.

정말 당신을 찾아 온 재정상담사가 당신을 재정적 성공의 길로 이끌어 줄 사람인지 잘 판별하라. 변액보험은 투자 상품이다. 주식은 위험 자산이고 채권도 위험성이 전혀 없는 것이 아니다. 주식과 마찬가지로 변액보험도 위험관리를 잘 하면서 저축을 하면 아주 좋은 상품이 되지만 그렇지 못하면 돌이킬 수 없는 잘못된 선택이 될 수도 있다. 적립식 펀드도 비슷하긴 하지만 변액보험은 장기 상품이기 때문에 판매자의 위험관리가 더 중요한 상품이다. 투자 지식과 능력이 당신 이상의 사람인지 잘 판별해서 가입한다면 변액보험은 당신에게 웃음을 안겨 주는 상품이 될 것이다.

03 고소득자 및 자산가의 체크 포인트

이번 강세장이 끝날 때와 끝나고 난 뒤 우리나라에도 상당수의 '주식부자'가 탄생할 것이다. 이른바 주식투자에서 성공한 사람들이다. 이렇게 탄생한 주식 부자들은 숫자상으로 대부분 주식투자만이 전업인 사람은 많지 않을 것으로 생각한다. 직장인이든 자영업자이든 아니면 전문직이든, 본업이 있고 여유자금을 주식에 투자하여 성공한 사례에 속하는 사람들이다. 실패한 사람들이 분명히 더 많겠지만 성공한 사람들도 이전의 상승장 때보다 많이 나올 깃으로 예상된다.

이렇게 주식부자 반열에 오른 사람들에게 이제는 새로운 걱정거리가 대두될 것인데 그것은 다름 아닌 '세금' 문제다.

주식매매차익 과세 추진 움직임

　최근 정부의 움직임이 심상치 않다. 작년 11월 정부와 여당은 주식매매차익에 대한 과세 추진 방안을 발표했다가 업계의 반발 등으로 곧바로 철회했다. 그런데 불과 며칠 지나지 않아 경제 부총리가 TV에서 장기 과제라는 단서를 달기는 했지만 주식매매차익에 대해 과세를 검토하고 있다는 발언을 했고 비과세 상품 폐지에 대해 확고한 입장을 밝혔다. 아울러 금융소득종합과세 적용 기준을 현행4,000만원에서 2,000만원 수준으로 낮출 계획이다.

　주식매매차익 과세 추진 방침을 철회한 지 불과 며칠 만에 또 공개적으로 거론했다는 것은 매우 이례적인 것으로 정부의 의도가 엿보이는 것이다. 업계 등의 반발을 예측하지 못했으리라고 보기 어렵고, 철회한 지 불과 며칠 만에 부총리가 TV에서 공개 거론했다는 점은 이제 주식매매차익의 과세 시행의 신호탄을 쏘아 올린 셈이다. 정부 입장으로 보면 이번 주식시장 강세는 언제 다시 올지 모를 세수 증대의 호기이다. 아마 수년 내에 그것도 현 정부의 임기 내에 시행될 가능성도 커 보인다.

　주식 직접투자와 간접 투자에 대한 과세제도가 대대적으로 개편되고 비과세 상품이 없어지게 되면 직·간접을 막론하고 주식투자가 전부 과세 대상에 편입되고 많은 수의 투자자가 금융소득 종합과세에 포함될 수밖에 없다. 다시 말해서 세금이 크게 늘어날 것이란 얘기다.

여기다 금융소득종합과세 기준이 낮춰진다면 문제는 더 심각해진다. 자산가와 고소득자들은 미리 앞서서 금융소득종합과세와 주식매매차익 과세에 대비해야 하는 것이다.

그리고 시행 시기는 주가가 상승할 때 하는 것이 주식시장을 위해서나 정부를 위해서나 최선의 선택이다. 일시적으로는 하락 사태가 있을 것이지만 곧 시장은 본래의 자리를 찾을 것이다. 그리고 정부도 매매차익에 대한 과세의 실효를 거둘 수 있다. 주가가 하락할 때 이 정책을 시행한다면 세수도 늘리지 못하면서 주가 하락만 더 부추길 것이기 때문이다.

이렇게 본다면 펀더멘털이 튼튼하고 주가가 상승 추세를 타고 있을 때가 주식매매차익 과세의 최적기이다. 여기에 현 정부의 성향, 공론화 시기, 주식시장 상황과 정부의 임기 등으로 볼 때 2007년 대선(=대통령 선거) 전에 전격적으로 시행될 가능성을 전혀 배제할 수 없다는 것이 필자의 예상이다.

만일 고소득자나 자산가들이 주가의 하락을 정확히 예측하여 적기에 주식을 매도하거나 주식형 펀드를 환매한다면 그 해에 – 아마도 2008년이나 2009년이 될 것이다 – 고액의 금융소득이 발생할 것이고 종합소득세를 최고 세율로 납부해야 하는 사태에 직면할 것이다.

그렇고 소득세를 적게 내길 원한다면 주가 폭락 후에 원금 손실 상태가 될 것이기 때문에 세금을 크게 절약(?)할 수는 있을 것이다. 그러나 주식의 배당소득에 대해서는 세금을 내야 할 것이고 펀드 가입자는 추가로 채권관련 소득과 기타증권 관련 소득에 대해서는 원금 손실과 상관없이 세금을 내야 할 것이다. 원금 손해 보고 세금도 내는 설상가상의 경우를 당하게 된다. 이처럼 원금도 잃으면서 억울하게 세금을 내는 것 보다는 적기에 주식을 매도하거나 펀드를 환매하는 것이 더 낫다.

적기에 주식 매도나 펀드 환매 시에 과도한 세금을 피하기 위해서 가장 좋은 방법은 변액보험을 이용하는 것이다. 변액보험은 현재 제도상으로 계약이 10년 이상 유지되면 그 이전이라도 동 상품 내에서 투자 금을 주식형 펀드에서 찾아서 채권형 펀드로 옮길 때 즉 펀드변경을 할 때 세금을 전혀 내지 않아도 된다. 또 채권형에서 주식형으로 펀드를 변경할 때에도 마찬가지이다.

04 부동산을 버리고 주식을 사라

'고령(화)사회'는 '고려장 사회'

식상할 정도로 거론되는 고령(화)사회의 본질은 무엇인가? 고령화문제를 다루는 연구 보고서나 보도는 아직 단순히 노인 인구의 증가와 평균수명 연장에 따른 노후생활비 확보에 논점을 치중하고 있다.

그러나 고령(화)사회의 본질은 노후생활비 증가 이상이다. 이보다 훨씬 범위가 넓으며 심각하다. 재경부가 발표한 2031년의 잠재성장률이 1%대가 될 것이라는 것의 의미는 무엇인가? 과거 8%대의 고도성장을 해 왔던 한국이 지금은 4% 수준의 저성장 시대를 맞고 있다. 이 성장률이 점차 떨어져서 2030년이면 1%대가 될 것이라는 것이다.

경제성장률이 1~2%라면 경제가 거의 정지 상태라는 얘기다. 성장을 멈췄다고 해도 과언이 아니다. 장기 불황이 우리 한국을 엄습하고 있다는 얘기다. 본 서가 지적하는 바대로 주가와 부동산 가격 폭락으로 시작되는 '잃어버린 10년'은 일본만의 전유물이 아니다.

국가경제 차원에서는 경제성장률이 0%를 넘나드는 상황이 벌어지고 재정적자가 누증될 것이다. 기업은 경영난에 허덕이고 생존을 위해 구조조정을 단행해야 할 것이며 기업의 도산이 도미노 현상을 이룰지 모른다. 금융기관은 부동산 대출의 담보 가치 하락으로 부실채권이 급증할 것이다. 대출을 줄이면서 금융시장이 얼어붙을 것이다.

개인적인 차원에서는 일자리가 줄어 취업은 어렵고 임금은 하락할 것이다. 이럴 때 노령 인구를 부양하기 위한 세금과 각종 연금을 갹출하고 난뒤 가처분 소득이 크게 줄어버린 젊은 세대들은 질병에 시달리는 부모를 부양할 여력이 없을 것이다.

'고려장'이란 고려 시대에 우리 조상들이 너무나 살기가 어려워 어쩔 수 없이 노부모를 산에 버렸다는 고사에서 유래된 말이다. 지금도 노인 문제가 가볍지는 않지만 '고려장'이라고 표현할 정도로 심각한 사태는 아니다. 그러나 2010년 이후 경제성장률이 2%대 이하로 하락하며 경제가 불황에 빠져들면 '고려장'이라고 표현할 사건들이 언론에 보도되고 심각한 사회문제로 대두될 것이다.

앞으로 노인이 유기되는 사례가 크게 늘어날 것으로 예상된다. 주가도 하락할 것이며 부동산 가격도 주택 수요자인 젊은 세대가 절대 감소함으로써 장기간 하락하게 될 것이다. 자산 수익률은 지금의 주식 수익률에 비해 턱 없이 낮아 연금 수급에 차질이 심각할 것이다.

이것이 앞으로 전개될 고령(화)사회의 본질이다. '불황 속의 수명연장'으로 압축 표현될 은퇴 후 노후생활을 위해 지금 결단해야 한다. 철저한 재정 플랜을 수립하고 단단히 준비하지 않으면 미래가 어둡다.

정부와 기업 그리고 금융기관도 대비해야 하고 개인도 스스로 대비해야 한다. 개인의 최선책은 2009년까지 주식에 투자하는 것이다. 그러면서 채권투자에 대해 공부하며 주가 하락에 대비할 것을 강조한다. 주가폭락과 함께 추락하지 않고 채권가격 상승의 혜택을 누리려면 말이다.

부동산을 버리고 주식을 사라

향후 3~4년간 부동산 가격은 오를 것이다. 그러나 부동산의 세후 투자 수익률이 주식투자 수익률을 능가하기는 매우 어려울 것이다. 고령 인구의 급증과 젊은 인구의 감소가 부동산 시장에 지각변동을 일으킬 것을 부정하는 사람은 거의 없다.

과거의 '부동산 불패 신화'는 우리나라의 인구 증가 추세와 1950~60년대 출생 베이비 붐 세대의 40대 인구편입에 기인한 것임을 확인했다. 다음 세대 인구의 감소 추세는 주택 전세 수요부터 시작하여 주택 구입 수요를 계속 감소시키면서 주택가격을 떨어뜨리고 이어서 상가는 물론 빌딩 토지까지도 확산될 것이다. 단지 남은 문제는 "언제부터 시작될 것이냐?"일 뿐이다.

우리의 삶은 단 한 번뿐이다. 그리고 지나간 세월은 돌이킬 수 없다. 불황의 그림자가 엄습할 2010년 이후의 생존전략을 차분하게 세워보기 바란다. 특히 베이비부머는 이 문제에 진지해야 한다. 필자가 제시한 3~4년간의 주식투자로 은퇴자금을 마련하라.

그리고 국내에서는 채권과 안전 자산인 예금에 분산하면서 일본과 인도 주식 그리고 2010년 이후에 중국의 정치가 안정되고 경제가 다시 회복세를 보일 때 중국 주식으로도 포트폴리오를 구성하면 수익률은 부동산보다 나을 것이고 노후 생활을 위한 자금도 충분하게 준비해 나갈 수 있을 것이다.

부록

1. 금융상품 선택 표
2. 경제통계발표기관
3. 자산운용협회 운용사회원

금융상품 선택 표

구분	2006~2008/2009			2010년 이후		
	보수적	중립적	공격적	보수적	중립적	공격적
1개월 미만	MMDA, CMA	CMA	CMA	MMF(국)	MMF	MMF
1~3개월 이내	MMDA 표지어음(은) RP,CD, 정기예금(은)	CMA, RP, CD, CP, 발행어음 정기예금(저)	CP 표지어음(저) 정기예금(저)	MMF(국),RP, CD, 정기예금(은) 표지어음(은)	MMF, RP, CD, CP, 발행어음 정기예금(저)	MMF, CP 표지어음(저) 정기예금(저)
3~6개월 이내	표지어음(은) RP,CD, CMA 정기예금(은) 실세정기예금(은) 정기예탁금 특정금전신탁	CMA, RP, CD 발행어음, CP 정기예탁금 특정금전신탁	CP, 표지어음(저) 정기예금(저) 특정금전신탁	표지어음(은) RP,CD 정기예금(은) 실세정기예금(은) 정기예탁금 특정금전신탁	RP, CD 발행어음, CP 정기예탁금 특정금전신탁 채권혼합형펀드	CP, 표지어음(저) 정기예금(저) 특정금전신탁 채권형펀드
6개월~ 1년 이하	표지어음(은) RP, CD, CMA 정기예금(은) 실세정기예금(은) 정기예탁금 특정금전신탁 ELD, ELS	발행어음(종) 표지어음(금) CP CMA, RP, CD 정기예탁금 특정금전신탁 ELD,ELS, ELF 주식혼합형펀드	CP 주식형펀드 특정금전신탁 맞춤형신탁 CBO 펀드 하이일드 펀드 인덱스펀드 스팟 펀드 엄브렐러(주)	표지어음(은) RP, CD, 정기예금(은) 실세정기예금(은) 정기예탁금 특정금전신탁	발행어음(종) 표지어음(금) CP ,RP, CD 정기예탁금 특정금전신탁 채권혼합형펀드	CP 채권형펀드 특정금전신탁 맞춤형신탁 CBO 펀드 하이일드 펀드 엄브렐러(채) 채권형펀드
1년 ~3년	정기예금(은) 금융채 실세정기예금(은) 정기예탁금 ELD, ELS	정기예탁금 원금보전형펀드 엄브렐러펀드(주) 주식혼합형펀드 헤지펀드 부동산펀드. REITs ELD, ELS, ELF	인덱스펀드, ETF 주식형펀드 CBO 펀드 하이일드 펀드 사모펀드 비과세장기주식펀드	정기예금(은) 금융채 실세정기예금(은) 정기예탁금	정기예탁금 원금보전형펀드 엄브렐러펀드(주) 헤지펀드 부동산펀드. REITs 채권혼합형펀드	채권형펀드 CBO 펀드 하이일드 펀드 사모펀드 엄브렐러(채)
3년이상	정기예금(은) 금융채 실세정기예금(은) 정기예탁금 후순위채권(은)	정기예탁금 엄브렐러펀드 헤지펀드 부동산펀드, REITs	인덱스 펀드 주식형펀드 사모펀드	정기예금(은) 금융채 실세정기예금(은) 정기예탁금 후순위채권(은)	정기예탁금 엄브렐러 펀드 헤지펀드 부동산펀드. REITs	MMF, CP채권형펀드 사모펀드 엄브렐러(채) 표지어음(저) 정기예금(저)

※( ) 내 해설 : 은―은행, 금―금고, 종―종금사 채―채권형, 주―주식형

순번	기관명	인터넷주소	전화번호
1	한국은행	ecos.bok.or.kr	759-4114
2	통계청	www.nso.go.kr	042)4812152
3	건설교통부	www.moct.go.kr	054-9019,9122
4	과학기술부	www.most.go.kr	503-7634
5	관세청	www.customs.go.kr	042)481-7904
6	금융감독원	www.fss.or.kr	3771-5792
7	노동부	www.molab.go.kr	503-9709~2
8	농림부	www.maf.go.kr	500-1828
9	법무부	www.moj.go.kr	503-7103~4
10	산림청	www.foa.go.kr	042)481-4176
11	산업자원부	www.mocie.go.kr	2110-5415
12	재정경제부	www.mofe.go.kr	503-8651
13	중소기업청	www.smba.go.kr	509-7041
14	해양수산부	www.momaf.go.kr	3148-6442
15	행정자치부	www.mogaha.go.kr	3703-4986
16	환경부	www.me.go.kr	504-9259
17	국민은행	www.kbstar.com	2073-5745
18	기업은행	www.kiupank.co.kr	729-6892
19	농업협동조합중앙회	www.nonghyup.com	3782-8004
20	대한건설협회	www.cak.or.kr	"3485-8314,8296"
21	대한상공회의소	www.korcham.net	316-3704
22	생명보험협회	www.klia.or.kr	2262-6625~6
23	수산업협동조합	www.suhyup.co.kr	480-2905
24	전국경제인연합회	www.fki.or.kr	3771-0495
25	중소기업협동조합중앙회	www.kfsb.or.kr	2124-3203
26	증권예탁원	www.ksd.or.kr	3774-3048
27	한국관광공사	www.knto.or.kr	7299-311
28	한국무역협회	www.kita.or.kr	6000-5204
29	한국산업은행	www.kdb.co.kr	787-7833
30	한국생산성본부	www.kpc.or.kr	724-1053
31	한국석유공사	www.knoc.co.kr	031)380-2762
32	한국소비자보호원	www.cpb.or.kr	3460-3397
33	한국전력공사	www.kepco.co.kr	3456-3626
34	한국정보통신산업협회	www.kait.or.kr	3486-9821
35	한국증권거래소	www.kse.or.kr	3774-8644
36	한국철강협회	www.kosa.or.kr	559-3552
37	한국토지공사	www.iklc.co.kr	031)738-7229

회사명	대표전화	사이트주소
골든브릿지자산운용	02-360-9555	http://www.gbam.co.kr
교보투신운용	02-767-9600	http://www.kyoboitm.co.kr
굿앤리치자산운용	02-783-4321	http://www.goodnrich.co.kr
글로벌에셋자산운용	02-780-2545	http://globalasset.co.kr
기은SG자산운용	02-727-8800	http://ibksgam.co.kr
농협CA투신운용	02-368-3600	http://www.nonghyup-ca.com
대신투신운용	02-769-3247	http://www.ditm.co.kr
대한투신운용	02-3771-7114	http://www.dimco.co.kr
도이치투신운용	02-724-7400	http://www.deam-korea.com
동부투신운용	02-787-3700	http://www.dongbuitm.co.kr
동양투신운용	02-3770-1300	http://www.tongyangfund.com
랜드마크자산운용	02-3774-0800	http://www.lmtrust.com
마이다스에셋자산운용	02-3787-3500	http://www.midasasset.co.kr
마이애셋자산운용	02-3774-6114	http://www.myasset.com
맥쿼리IMM자산운용	02-3782-2300	http://www.maqimm.co.kr
맵스자산운용	02-767-9900	http://mapsim.miraeasset.com
미래에셋자산운용	02-3774-1600	http://www.miraeasset.co.kr
미래에셋투신운용	02-3774-1500	http://trust.miraeasset.com
산은자산운용	02-3774-8000	http://www.kdasset.co.kr
삼성투신운용	02-3774-7600	http://www.samsungfund.com
슈로더투신운용	02-3783-0500	http://www.schroders.co.kr
신영투신운용	02-2004-9500	http://www.syfund.co.kr
신한BNP파리바투신	02-767-5777	http://www.shinvest.co.kr
아이투신운용	02-3215-3000	http://www.iinvest21.com
알리안츠글로벌 인베스터스자산운용	02-3771-2900	http://www.allianzglobalinvestors.co.kr
알파에셋자산운용	02-769-7600	http://www.alphasset.com
우리자산운용	02-789-0300	http://www.wooriam.com
유리자산운용	02-2168-7900	http://www.yurieasset.co.kr
조흥투신운용	02-3770-3950	http://www.chbi.co.kr
칸서스자산운용	02-2077-5000	http://www.consus.co.kr
태광투신운용	02-2002-7500	http://www.tkit.co.kr
푸르덴셜자산운용	02-3770-7020	http://www.prudentialfund.com
프랭클린템플턴투신	02-3774-0600	http://www.franklintempleton.co.kr
플러스자산운용	02-3787-2700	http://www.plusasset.com
피델리티자산운용	02-3783-0901	http://www.fidelity.co.kr
한국투신운용	02-3276-4700	http://www.kitmc.com

한일투신운용	02-2129-3300	http://www.hitmc.co.kr
한화투신운용	02-3772-6000	http://www.koreatrust.co.kr
현대와이즈자산운용	02-3453-5011	http://www.wiseasset.co.kr
CJ자산운용	02-727-2700	http://www.cjfund.com
KB자산운용	02-2167-8200	http://www.kbam.co.kr
KTB자산운용	02-788-8400	http://www.i-ktb.com
PCA투신운용	02-2126-3500	http://www.pcaasset.co.kr
SEI에셋코리아자산	02-3788-0500	http://www.seiak.co.kr